U0367031

为女孩量身定做的成长书

女孩百科
完美女孩的口才妙方

冰雪聪明的女孩会说话！

彭凡 / 编著

化学工业出版社
·北 京·

图书在版编目（CIP）数据

完美女孩的口才妙方/彭凡编著. —北京：化学工业
出版社，2020.7（2022.5重印）
（女孩百科）
ISBN 978-7-122-36960-4

Ⅰ.①完… Ⅱ.①彭… Ⅲ.①女性-口才学-青少
年读物 Ⅳ.①H019-49

中国版本图书馆CIP数据核字（2020）第084291号

责任编辑：丁尚林　马羚玮　　　　　　　　装帧设计：花朵朵图书工作室
责任校对：刘　颖

出版发行：化学工业出版社（北京市东城区青年湖南街13号　邮政编码100011）
印　　装：河北鹏润印刷有限公司
710mm×1000mm　1/16　印张11　2022年5月北京第1版第2次印刷

购书咨询：010-64518888　　　　　　　售后服务：010-64518899
网　　址：http：//www.cip.com.cn
凡购买本书，如有缺损质量问题，本社销售中心负责调换。

定　　价：39.80元　　　　　　　　　　　　　　　　版权所有　违者必究

前言

美妙的语言就像一支动听的歌，
让人忍不住停下脚步轻声地和；
震撼的语言又像一把锋利的剑，
总能将未解的难题一一击破。

如何将语言掌控？
如何去掉语言坚硬的壳？
如何让每一句话都简练而深刻？
又如何让语言深入人心呢？

何不打开这本书，
在书中找到修炼口才的心得，
掌握每一个妙方和要领，
成为杰出的演说家！

目录

第1章 语言让我闪闪发光！

第2章　如何把话说得深入人心

第3章　开发你的语言领导力

目录

第4章　我是演讲小达人

第5章　这些语言禁忌你知道吗

第 1 章

语言
让我闪闪发光！

"太气人了！"

李杏儿回到教室里，一屁股坐在椅子上，气得脸都红了。

"发生什么事儿了？谁把你气成这样？"同桌蒋一一赶紧问道。

"就是那个王雪珂！"李杏儿气呼呼地回答道，"我刚才在洗手间门口碰到她，让她帮我拿一下课本，她竟然理也不理，转身就走了。你说气人不气人？"李杏儿越说越来气。

"你怎么跟她说的呢？"蒋一一又问。

"还能怎么说，就说'喂,帮我拿下课本，我去上个厕所'呗！"

"难怪王雪珂不理你！"蒋一一无奈地耸了耸肩，

接着做自己的事去了，剩下李杏儿愣在那儿摸不着头脑。

王雪珂为什么不理李杏儿呢？原因其实特别简单，李杏儿请王雪珂帮忙，语气却十分没礼貌，如果不是特别要好的朋友，谁又能受得了呢？如果她能在"帮"字前面加上"请你"，在"课本"后面加上"好吗"，之后的状况自然就不会发生啦！

在人和人的交往中，如果缺少了礼貌，就少了一座友爱的桥梁，别说做朋友了，就连正常的交流都会变得很困难呢！特别对女孩来说，礼貌更是必不可少的，说话不礼貌的女孩即使再可爱也不会受到大家的欢迎哦！

★礼貌小课堂

与人相见说——你好	向人询问说——请问
求人帮忙说——拜托	麻烦别人说——打扰
得人帮助说——谢谢	恭贺别人说——祝贺
无法满足说——抱歉	请人谅解说——对不起
慰问他人说——辛苦	迎接客人说——欢迎
客人入座说——请坐	临分别时说——再见

保持完美的语速和声调

"对不起，你说什么，能再说一遍吗？"

当林小丁将一段话说了三遍之后，李杏儿再一次提出了以上请求。现场气氛顿时变得特别尴尬，林小丁深深地吸了一口气，最终选择了放弃，低着头沮丧地离开了。

"林小丁怎么了？"王子涵不知从哪里冒了出来。

"这次真不是我的错！"李杏儿一脸委屈地说，"她说话声音太小了，我很努力很努力地听，还是没听清她说什么。"

我们有时候也会遇到这样的状况，努力想听清对方说什么，却因为对方声音太小而始终无法理解，最后让双方变得很尴尬。不仅如此，说话声太大，语速太快或太慢，都会让听的人感到不舒服，甚至会给交流造成很多不必要的麻烦或误会。

说话就像唱歌一样，也是一门讲究技巧的艺术哦，保持完美的语速和声调，才能让每一句话都成为动听的旋律哦！

· 经常练习朗读课文，保持匀速和正常声调。

· 努力改掉急躁或口齿不清的毛病。

· 平时多说话，多和身边的人交流。

完美女孩 的 口才妙方 Good Eloquence

请微笑着说话

　　班上转来了一个新同学，名叫范佳琪。她个头小小的，长得也很可爱，看起来很好相处的样子。

　　"你好！我叫李杏儿，很高兴认识你！"爱交朋友的李杏儿主动走上前去，笑眯眯地跟范佳琪打招呼。

　　"你好！"范佳琪冷漠地瞟了李杏儿一眼，便低着头忙自己的事情去了。受到这样的待遇，李杏儿受伤极了，只好灰溜溜地离开了。想必很长一段时间，李杏儿都不会再主动找这个新同学说话了。

　　如果不能在对话中保持微笑，的确会让对方感觉到无形的压

力，从而退避三舍。特别是当我们进入一个全新的环境时，如果不能给周围的人留下亲和的好印象，又如何在短时间内交到新朋友呢？

谁都不喜欢愁眉苦脸的表情，一个不舍得付出微笑的人，即使拥有口若悬河的口才，也不可能收获听众的青睐和喜爱。而说话时面带微笑，即使再简单的语言也会变得生动可爱，也会让你浑身上下充满魅力哦！

微笑三结合

第一，微笑与眼睛结合。

眼睛是心灵的窗口，从眼睛里发出的微笑才是真正的微笑，让人感到亲切和自然，否则会给人留下"皮笑肉不笑"的感觉。

第二，微笑与语言结合。

语言中透露出轻松愉悦的感觉，当谈话特别开心时，可以发出轻轻的笑声。没有笑意的语言通常被误认为是敷衍。

第三，微笑与动作结合。

适当的点头、摆手等动作能让语言更加生动，能让笑容更加自然。如果说话时身体一动不动，一副很拘谨的样子，亲切感会在瞬间瓦解哦！

让人苦恼的结巴

"李杏儿，你来读前三段课文吧！"

站在讲台上的慕容老师满怀期待地望着李杏儿，只见她从椅子上缓缓地站起来，用颤抖的双手拿起书本……

"有好戏看啦！"坐在后排的左帅小声嘀咕了一句，脸上露出幸灾乐祸的表情。

"今……今天，我……我又……又躺在田……田野里……"

"哈哈哈哈……"不等李杏儿读完第一句，教室早已被此起彼伏的哄笑声给"淹没"了。李杏儿的脸瞬间红得像苹果，她再也读不出一个字了。

就因为说话有点儿结巴，上课回答问题简直成了李杏儿的噩梦！渐渐地，她变得越来越沉默寡言，越来越自卑。

说话结巴并不是一种病，而是心理上的压力引起的。许多人在特别紧张的时候，都会出现说话不利索的状况。想要说话变得顺畅，克服心理障碍是关键。

☆丢掉自卑。看到自己的优点，树立自信心，就当说话结巴是上天对自己的一个考验吧！

☆丢掉恐惧。说话结巴并不是不治之症，我们没必要害怕，多说、多练习就会有好转。

☆丢掉敏感。说自己的话让别人去笑吧！把别人的嘲笑当成一种另类的鼓励。

☆丢掉害羞。越说不好，越要多说，越要大声说，越要克服一切困难地练习。

☆丢掉紧张。转移注意力，消除紧张情绪，口吃自然不会找上门啦！

让幽默来助阵吧!

1. 妈妈光顾着看书，不理一旁正无聊的李杏儿。

2. 李杏儿误将橡皮擦当成软糖，咬了一口。

李杏儿可真幽默呀，听她说话一定很开心。

说话风趣，会开一点小玩笑，就等于给语言加上了丰富的佐料，自然给人美妙的听觉体验啦！即使不能妙语连珠，光凭着能使人发笑的本领，也能吸引周围的人竖起耳朵听你说话哦！

与不苟言笑、一板一眼的方式相比，用诙谐幽默的方式讲述一件事，更容易让人接受，更容易打动人心。不管是请求原谅、发表意见、提出建议，还是请求帮忙，用风趣的语言来表达，绝对能收到最佳效果哦。

幽默练习场

● 利用现场情景讲有趣的话。

事先准备笑话实在太麻烦。在当时的环境中寻找逗乐的话题，在话题中提取有趣的点，会让"笑"果更加新鲜而持久哦！

● 开一些无伤大雅的小玩笑。

和好朋友之间不必太拘谨，偶尔开一点儿对方不会生气的小玩笑，绝对能让现场的气氛变得格外轻松哦！

● 时常拿自己开涮。

比起开别人玩笑，开自己的玩笑自然最安全，"笑"果也最好。在不过分贬低自己的前提下，稍微打趣一下自己，绝对欢乐无穷。

少说避免多错

清晨上学的路上，李杏儿碰到了王雪珂，便热情地上前打招呼："王雪珂，早呀！"

王雪珂也微笑着回应道："早！"然后两人一起朝学校走去。

"这是你新买的裙子吗？"为了不至于一路上太尴尬，李杏儿赶紧找了个话题。

"是啊！"王雪珂提起裙摆，笑得更开心了。

"真好看，不过就是有点太艳丽了！"

"会吗？"王雪珂脸上的笑容瞬间僵住了。

李杏儿发觉自己说错了话，赶紧补救道："也不是很艳丽啦，我妈妈就有一条差不多的裙子，也是这个颜色，这个款型……"

李杏儿还想要继续

这条裙子真好看，和我妈妈的一模一样！

什么？我和你妈妈……

说下去，王雪珂早就气得不行了，她"哼"的一声冲到了前面，独自朝学校走去。

"唉！"李杏儿站在原地自言自语道，"看来嘴巴又惹祸了。"

有时候说太多不见得是好事。俗话说，祸从口出。语言虽说是最棒的沟通工具，有些时候却也是最可怕的破坏工具，如果不把握说话的分寸，经常口无遮拦，很可能给自己带来许多不必要的麻烦哦！

下面这些话要少说！

- **解释的话。** 过多的解释会被人看作心虚的表现。
- **赞美的话。** 夸奖别人需要点到为止，喋喋不休的夸赞很容易被人当成恭维和奉承。
- **指责的话。** 太多、太满、太过的指责，即使全是道理也会让对方特别反感。
- **安慰的话。** 安慰得太多有可能触碰到对方的伤口，让对方更难受。

生气时说的话

自从发生了裙子事件，李杏儿总觉得王雪珂对自己爱理不理的，她心想：多大点事儿，王雪珂也太小心眼了吧！

有一次，王雪珂从李杏儿的课桌旁经过，不小心蹭掉了课桌上面的笔记本。李杏儿当即火冒三丈，气呼呼地嚷嚷道："王雪珂，你是故意的吧！想不到你这么小心眼，亏我之前还把你当朋友呢！"

想不到你这么小心眼，亏我一直把你当朋友！

真好笑，我可从没把你当朋友！

王雪珂一听，脸都气红了，也不甘示弱地大喊道："真好笑，我可从没把你当朋友！"

就这样，李杏儿和王雪珂之间的矛盾愈演愈烈，一发不可收拾！

生气的时候，情绪通常会达到最恶劣的状态，从而说出一些很难听的话，这样给双方都会带来不同程度的伤害。等冷静下来，回过头想一想，便会特别后悔，心想：如果当时忍一忍，情况就不会那么糟啦！

所以，即使非常非常生气，我们也应该极力克制自己的坏脾气，避免说出一些口不对心的话，别让事态变得更糟糕！

💜 生气时，这样做

生气时尽量先不要说话，在心里不停地默念："不要生气，不要生气……"

如果不说话实在憋得难受，尽量只说事实，而不要牵扯到其他的事，更不要一直强调自己很生气。

即使再生气，也绝不说脏话，不说带人身攻击的话，不说绝对否定对方的话。

控制好自己的嗓门，不要大喊大叫，说话声音越大，火气越难消。小声一点会让情绪有所好转哦！

给对方留余地，留出解释的时间，也留出自己消气的时间。

道歉要诚恳

有一天吃晚饭时，李杏儿将裙子事件告诉了妈妈。妈妈听了之后，对李杏儿说："同学之间最重要的是和睦相处。既然你先说错了话，就大度地跟她道个歉，你就能少一个敌人，多一个朋友啦！"

李杏儿认为妈妈说得很有道理，可是对她来说道歉并不是一件容易的事，她心想：自己那么"大嘴巴"，王雪珂又很敏感，道歉未必管用呢！

"如果我向她道歉，她不领情怎么办呢？"

对不起，是我说错话了，以后我一定会注意的，希望你不要放在心上啦！

什么事呀，我都忘了！我们还是好朋友呀！

给李杏儿支支招吧!

1. 认识错误

认识到自己真正的错误所在，认真地反省，只有打内心觉得自己应该道歉，这样的道歉才会真诚。

2. 坦承错误

向对方坦承自己的错误，并直言不讳地告知对方，你已经认识到错误，并有心改正。

3. 真诚对话

真诚地对对方说出"对不起""抱歉""希望你能原谅""我不想失去你这个朋友"等语言。

4. 不可敷衍

千万不要用一句"对不起"敷衍了事，对方会觉得你没有道歉的诚意。

5. 不卑不亢

道歉需要诚恳，但不可以卑微，我们千万不能为了获得原谅而丢掉尊严。

完美女孩 的 口才妙方 Good Eloquence

委婉地拒绝

明天是周末，林小丁想请班上几个要好的同学来家里玩。不巧的是，被邀请的同学中，有两个刚好明天没空，拒绝了林小丁的好意，她们分别是这样说的。

同样是拒绝，谁的拒绝更容易让人理解和接受呢？

比起李杏儿直接又生硬的拒绝，周子琪委婉而真诚的话是不是让人舒心多了？

在日常生活中，我们不可能面面俱到，不可能任何事都点头答应，面对那些无法做到的事、不愿意去做的事，我们只好拒绝。可是，拒绝时如何做到既表达了自己的意愿，又获得对方的谅解呢？这是一门深奥的学问哦！

不要轻易拒绝：如果不是能力和道德之外的事，尽量不要拒绝。

不要无情拒绝：表情冷酷、语气生硬，会让被拒绝的人很尴尬。

不要傲慢拒绝：不要用高人一等的姿态对待请求帮忙的人，你会因此失去许多朋友。

委婉地拒绝：先诚恳地说出拒绝的原因，并表达希望得到谅解的心情，自然会得到对方的理解。

微笑着拒绝：保持真诚的微笑，让别人感受到你对他的尊重和礼貌，让对方消除被拒绝后会难堪的顾虑。

有帮助地拒绝：拒绝的同时，帮对方想一想其他解决的办法，用另一种方式真正帮到对方。

初次见面

认识你我也很高兴，以后常来我家玩哦！

你好，很高兴认识你！

这天，李杏儿一个人在家看书，门铃突然响了。

李杏儿跑到门边，透过猫眼向外面望去，看到门口站着一个和自己差不多大的女孩，手中捧着一块蛋糕。

李杏儿小心翼翼地将门打开一条缝，一脸警惕地问道："请问有什么事？"

"你好！"门外的女孩笑眯眯地回答道，"我们家刚搬来，就住在你家隔壁。这是我妈妈让我给你们送来的蛋糕！"女孩说完，将那块精致的蛋糕举到胸前。

"啊！是……是这样啊！"李杏儿赶忙将门打开，一时之间不知道说什么好了。

糟糕，面对第一次见面的人应该说些什么才好呢？两个彼此陌生的人就这样干巴巴地站着，是不是很尴尬呢？

面对热情的新邻居，李杏儿应该怎么做呢？大家发表一下意见吧！

既然是不认识的人，当然没必要太热情啦，随便打个招呼就好啦！

我们应该把新邻居当成好朋友，将她请进屋，把好吃的好玩的全都拿出来招待她。

第一次见面最重要的是真诚和礼貌，不能太冷淡，也不能太热情，太冷淡会造成不受欢迎的误解，太热情又会让对方不自在哦！

既然是第一次见面，还无法了解对方的个性和习惯，用真诚和礼貌去对待绝对是最好的方式哦！

完美女孩 的 口才妙方 Good Eloquence

我的电话响啦！

刚和新邻居打完招呼，客厅里的电话铃声又响了。李杏儿赶紧关好门，跑到电话机旁拿起电话。

"喂！你找谁呀！……他不在家！……我是谁？我是他女儿。你又是谁呀？……哦！王叔叔，原来是你呀，我刚刚不知道是你……"

瞧瞧李杏儿

讲电话的架势，不管是谁在电话那头，听到这样的回应，应该都不会高兴吧！

不管是熟人，还是不认识的人，我们在和对方通电话时都应该保持礼貌的语气和态度。电话只能传递声音，而不能传递表情和动作，如果我们的语言不礼貌，甚至是恶劣，会直接让自己的形象大打折扣哦！

电话礼仪对话：

你（您）好！——你（您）好！

请问你是×××吗？——是的，请问你是哪位？

请问你找谁？——请问×××在吗？麻烦您让她（他）接电话，谢谢！

请问，×××在吗？——不好意思，她（他）出去了，请问有什么需要我转达吗？

不好意思，你打错了！——对不起，打扰了。

请问您还有别的事吗？——没有了，谢谢！

下次聊，再见！——再见！

别做电话机器哦！

打电话时，请让你的语言加上一点感情色彩，让对方有"闻其声如见其人"的感觉，这样更能拉近电话两头人与人之间的距离哦！时常发出亲切的笑声，再加上一些表达感情的叹词，会让通话变得更轻松哦！

对长辈怎么说话呢？

"咳咳！"晚饭时，李杏儿的爸爸突然咳了两声，一脸严肃地对李杏儿说，"杏儿，今天我不在家的时候，你是不是接了王叔叔一个电话？"

"是啊！他说他会打你手机！"李杏儿一边回答，一边狼吞虎咽地吃着最爱的红烧肉。

你待会儿再打来吧，我爸不在家。

好吧，听你的！

"你对王叔叔说话也是这样的语气吗？"

爸爸说着，猛地拍了一下餐桌，把李杏儿吓了一大跳，刚吃到嘴里的红烧肉都掉了出来。爸爸接着说："王叔叔说你有个性，简直像个小大人！"

"这不是夸奖的话吗？"李杏儿小声嘀咕道。

"你这孩子！"一旁的妈妈也看不下去了，"人家这是在笑你没礼貌呢！"

身为一个优秀的女孩，我们应该尊敬长辈，对长辈有礼貌。不管是家里的长辈，还是比自己年长的外人，我们都应该做到这一点哦！

对长辈要有礼貌

1.称呼

有固定称呼的长辈见面要主动打招呼、问候。面对不认识的长辈时，和父母差不多大的长辈称呼"叔叔""阿姨"，更年长的称呼"爷爷""奶奶"。和长辈对话，不能称"你"，更不能称"喂"，应该用"您"，这是对长辈的尊敬。

2.对话

和长辈对话，要保持谦虚恭敬的态度。听从长辈的教诲，不要随意顶撞。即使想法不同，也应该心平气和地讲道理，切不可使小性子。

方言是我的杀手锏

这有么子好笑嘛！

教室后排坐着一个叫周一梅的女生，她的普通话说得不好，只要她一开口，其他同学就会笑个没完。

"这有么子（什么）好笑嘛，能唆（说）普通话有么子（什么）了不起嘛！"

一开始，周一梅还会像这样大声地反驳。可是同学们笑得更厉害了，还经常学她的语气说话。渐渐地，周一梅越来越不愿意开口了。

我们生活在一个多民族、多地区的国家，方言有成千上万种，每一种方言都有它的特色，都是先辈们口口相传的非常宝贵的文化遗产，我们应该为此感到骄傲，而不该歧视方言，或取笑使用方言的人。

记住，如今普及普通话是为了让大家更好地沟通，但能说标准的普通话并不是我们骄傲的资本，我们更不能因此抛弃方言。

偶尔说一点方言，其实也很可爱呀！即使你的普通话不标准，带有一点有趣的地方口音，也没关系，不要害羞，更不要自卑，勇敢地、大声地讲出来吧，它会成为你的个性标志，让你更具亲和力哦！

有趣的方言读一读

普通话——吃饭了吗？

广东话——食咗饭未？

长沙话——恰饭哒冒？

陕西话——吃咧么？

客家话——食哩饭了么？

四川话——吃换唠没得？

武汉话——七了饭冒？

你家乡的方言怎么说呢？

让我发光的口头禅

"当然啦！"

"随便吧！"

"差不多啦！"

每个人都有那么一两句经常挂在嘴边的话，这就是口头禅。口头禅是一种很难改掉的习惯，一旦说顺口了，口中时不时就会冒出这句话来。一句口头禅看起来微不足道，却能成为我们最鲜明的标志哦！

比起那些消极的、没有任何意义的口头禅，能让我们闪闪发光的口头禅是不是更酷呢？

★那些发光的口头禅

只要我努力就可以的。

1.自我激励的口头禅

把自我激励的话挂在嘴边，能给自己带来无穷的力量和勇气哦！即使看起来很难办到的事，也能在自我鼓励之下完成哦！

痛并快乐着！

2.乐观口头禅

生活中难免会遇到不开心的事，难免会经历挫折，这时候对自己说一些积极乐观的话，心情就能豁然开朗哦！

我很棒！

3.自信口头禅

想要丢掉自卑，获得自信，首先要自我肯定，常常对着镜子说："我很棒！""我能行！"自信心就会源源不断地跑出来。

加油！
我崇拜你！

4.激励他人的口头禅

想要获得高人气，想要身边的朋友像自己一样充满活力，经常说一些赞扬、鼓励别人的话吧！

完美女孩 的 口才妙方 Good Eloquence

请帮帮我

"喂！帮我也一起交了吧！"

蒋一一起身去交作业本，李杏儿赶紧将自己的作业本递了过去。可是，尴尬的一幕发生了，平时十分友善的蒋一一竟然冷冷地回了一句"你自己去交吧"，然后拿着自己的作业本扬长而去了。

许多问题在李杏儿的脑袋里不停地转呀转，却始终找不到最合理的解释。总之，被人拒绝，特别是被好朋友拒绝，是一件特别难堪、特别难过的事。

什么时候变得这样小气啦？

吃错药了吗？

难道我什么时候得罪她了？

其实，李杏儿要做的不是猜测对方的想法，而是应该反省一下自己哪里出了错！请求别人帮忙看起来是一件很简单的事，可是如果处理不当也很容易遭拒哦！

被拒绝的三大理由

● 1.语言太过随便。

即使是最亲密的朋友，也没有帮助你的义务，所以尽量不要用"喂！帮我一下！"这样的语气。

● 2.请求太过分。

"请借我500元。""帮我把作业写了吧！"这样的请求实在太无理了，必拒无疑。

● 3.从来不帮助别人。

如果你平时只在意自己的事情，从来不主动帮助别人，当你需要帮助时，自然没人站出来帮助你。

请求帮助态度要诚恳有礼貌，不要让对方感觉你在命令他，而不是在请求他。"请你帮帮我，好吗？""我真的很需要你的帮助！"如果能这样表达帮助的意愿，相信很少有人会拒绝你吧！

请听我解释

"请你听我解释,事情不是你想的那样……"

"不要再说了,解释就是掩饰,掩饰就是事实!"

这多像苦情电视剧里的桥段呀,有些事情明明可以解释清楚,却因为女主角笨拙的嘴巴,对方咄咄逼人的气势,让误会越来越深,矛盾愈演愈烈。

因为一点小事被人误会,这样的事在现实生活中也常有发生。被人误会的滋味很不好受,无法将误会解释清楚更让人难受。谁也不想因为一个误会而失去朋友,更不想因为误会让自己变成被人讨厌的对象,这个时候,我们应该想方设法让误会消失。

★ 如何消除误会？

● "随便你怎么想！"如果拥有这样的想法，那么误会将永远不可能解开。误会既然已经产生了，我们就应该积极主动地去消除它。

● 等对方冷静下来，再心平气和地做出解释，只需要讲出客观事实，像"我不是这样的人""我怎么可能做这样的事""你一定要相信我"这样的话尽量少说，因为这样的解释通常显得苍白无力。

● 如果对方根本不听解释，就不要一而再、再而三地重复解释，这只会让对方更反感。用实际行动来证明自己，这比成千上万句解释更有说服力。

我是沟通达人

在日常生活中，我们常需要跟许多陌生人打交道，商店的售货员、咨询台的话务员、送货的快递员、饭店的服务员……

良好的沟通能让双方的对话在轻松、愉悦的氛围下完成，如果做得不够好，很可能会造成不必要的误会哦！那么，我们究竟应该如何与他们沟通呢？

1.请保持微笑。

不管面对谁，我们都应该笑脸相迎。当对方看到一张温和的笑脸时，自然也会奉献出百分之百的热情哦！

2.请礼貌地应答。

不管对方从事什么职业，都是我们的长辈，我们应该使用礼貌用语和对方交流。

·您好，请问······ ·打扰一下······

·麻烦您帮我······ ·谢谢！

3.请清晰、简洁地表达。

为了不耽误对方的工作和时间，尽量用简洁的语言表达自己的需求。

让人头疼的对话

"嘿！陈美涵，一起去跳绳吧！"

"抱歉，我身体稍感不适！"

"陈美涵，对不起，我不是故意的。"

"你大可不必介怀，'宰相肚里能撑船'，我不会放在心上的。"

　　每次听到陈美涵说话，大家都晕晕乎乎的，就好像读了一篇生涩难懂的古文，脑子里的细胞都累死了一大片呢！

总是说一些很难懂的话，表面上看起来很有学问的样子，实际上会让听的人很疲惫呢！所以，我们尽量不要在平时的对话中咬文嚼字，用一些轻松简单的语言和大家交流吧！

1.不要绞尽脑汁地讲一些生涩的词汇。

为了让自己的表达震惊四座，拼命挤出一些所谓有水平的词汇，不仅让自己讲得很累，也让听的人更累。

2.不要中英文夹杂着说话。

为了显得自己很洋气，一句话里面时不时冒出几个英语单词，实在让人无从消受。

3.少用难懂的比喻句。

比喻虽然能让语言更加形象生动，但如果对方无法理解其中的"深意"，就会让对方听得一头雾水，让现场的气氛变得异常尴尬。

完美女孩 的 口才妙方 Good Eloquence

此时无声胜有声

林小丁正在津津有味地讲一件事，所有人都专注地听着，李杏儿突然插嘴道："是呀，是呀，我也有相同的经历，那时……"

就这样，李杏儿因为抢到了话语权而显得格外精神。而林小丁呢？话说了一半突然被制止，这种滋味好难受呀，就好像喉咙里卡了鱼刺却吐不出来一样。如果李杏儿能体会到这种感受，她就不会做出抢话头的举动啦！

在听别人讲话时，如果对方并没有停止的意思，我们千万不要随意打断别人说话哦！这种行为会让对方感到很不舒服！在聊天时，我们不应该只扮演说的角色，更多的时候，我们应该做一个专注的听众。

 ## 做个专注的听众吧！

· 不要无缘无故打断别人的谈话。

· 不要因为谈话无聊就不顾对方感受地逃离现场。

· 偶尔用眼神和动作来配合对方。

· 用"对""是啊""然后呢"等语言回应对方。

· 偶尔重复对方的话，或发表简短的看法，表示你在认真听。

懂得倾听也是一种智慧哦！

懂得倾听是对别人极大的尊重，也是真心实意为别人着想的表现哦！这样的人无论在哪里都会受到欢迎，自然也能交到更多的朋友啦！所以，习惯倾听别人讲话的人，没有人会认为他们不够聪明，相反，他们才是真正的智者呢！

完美女孩 的 口才 妙 方 Good Eloquence

能专注一点儿吗？

"李杏儿，你觉得呢？"

当李杏儿听到这句话时，她立马就蒙了，因为她只听到了这句话，其他前面的话全都被耳朵过滤掉了。

看着林小丁期待的眼神，李杏儿十分为难地说出了六个字："你刚刚说什么？"

这六个字就像一把锤子，给林小丁带来了不小的打击呢！原本火热的心一下子就掉进了冰窟窿里，她什么也说不出来了。

试想一下，如果我们满怀激情地讲完一件事，却换来对方这样的回应，是不是也会像林小丁一样沮丧呢？为了避免这样的事再次发生，我们是不是应该更专注地倾听别人说话呢？

专注、专注、再专注！

● 别三心二意

　　听别人讲话时尽量不要做别的事情，手机、电脑、书本等通通搁一边吧，这是对对方最起码的尊重哦！

● 别心不在焉

　　不要假装认真听，实际上却在想其他的事情。将注意力集中在对话上，才能听明白对方说了什么，以便及时做出回应。

● 别答非所问

　　问一个问题，得到风马牛不相及的答案，除了让人啼笑皆非外，还有一种不再想和这样的人说话的冲动吧！所以，如果没听清问题，就礼貌地再问一次吧，千万别假装听明白了，然后给出奇怪的答案哦！

第②章

如何把话说得
深入人心

真心的祝贺

　　李杏儿通过不懈的努力，终于在学校举办的演讲比赛中获得了一等奖的好成绩，班上的同学都跑来祝贺她。

　　同样是祝贺的话，谁的话让人感觉不舒服，谁的话又打动人心呢？对绝大多数人来说，更希望听到哪种祝贺呢？当然是真心的祝贺啦！

　　真心的祝贺，话不一定要说得多么动听，但必须是真诚的，发自内心为对方感到高兴的，这样我们才能赢得对方的信赖和真心。而那些虚情假意的祝贺，即使语言华丽，也会让人感到不适，甚至反感。

祝贺三要点

● **1.赞赏与鼓励结合**

　　如果祝贺变成一味地夸赞，难免会让人觉得是在奉承，显得不太真诚。真诚的祝贺是赞赏与鼓励相结合，在祝贺对方取得成绩的同时，应该期待和勉励对方有更好的表现。

● **2.别带上不好的情绪**

　　如果心中存在不服气的因素，即使努力去克制，还是容易表现出来，与其带着这种情绪去祝贺，还不如什么也不说。

● **3.让对方感受你的真心**

　　注视对方的眼睛，面带微笑，表达真心的祝贺。让对方透过你的眼神、语言感受到你的真心。

说些关心的话

下课铃响了，李杏儿想邀蒋一一去教室外面踢毽子，却看见她趴在课桌上，一副很难受的样子。

"一一，你怎么了？"

蒋一一勉强抬起头来，有气无力地回答道："我感冒了，头有点痛。"

李杏儿伸出右手摸摸蒋一一的额头，说道："好像挺烫的。"被好朋友这样关心，蒋一一的心里涌上一阵暖意，可是李杏儿接下来说的话却让她的心凉了一大截。李杏儿说："看来你不能陪我踢毽子了，我找陈美涵去！"说完，她便一蹦一跳地离

一一，你的额头好烫呀，要不要我陪你去医务室呢？

不用了，谢谢你的关心。

开了。

不管是谁，生病的时候都需要朋友的关心和安慰。遇到李杏儿这样大大咧咧、不懂得关心别人的朋友是不是很沮丧呢？

在生活中，我们应该学会关心身边的人，常常对他们说一些关怀的话，拉近彼此的距离，收获最真的友谊。

 ## 这些情况下请说关心的话

——朋友生病了

> "你还好吗？"
>
> "多休息，注意保暖哦！"
>
> "别担心，你很快就会好的。"

——朋友遇到不顺心的事

> "加油！"
>
> "开心点，一切都会好的。"
>
> "我会一直陪在你身边。"

——表达对长辈们的关心

> "爷爷，我很想念您！"
>
> "外婆，您最近身体好吗？"
>
> "爸爸，您辛苦了。"

我会安慰人吗？

李杏儿走到陈美涵面前，发现她的眼睛红红的，好像刚哭过的样子。

"陈美涵，你怎么了？"李杏儿赶紧问道。

不问还好，这一问陈美涵又开始抽泣起来。一旁的周一梅赶紧替她回答道："她的手机在公交车上被人偷了。"

"啊？"为了不让陈美涵更难受，李杏儿赶紧安慰她，"没事，不就是一个手机吗？再买一个新的就好了。"

听了李杏儿的话，陈美涵的眼泪虽然止住了，却露出一副很生气的表情，大声说道："再买一个，你说得倒轻松。我家可不像你家那么有钱，买多少个手机都没问题。"

"这……"李杏儿愣在那里，再也说

再买一个，你说得倒轻松……

不就是一个手机吗？再买一个新的就好了。

不出一个字来。

原本想安慰别人，结果不但没起到安慰的作用，反而让对方误会了自己的用意，好心办了坏事。

人在伤心的时候，什么事都容易往坏的方面想。这时候，即使是真心的安慰，也很容易触动对方脆弱的神经，造成误解。所以，安慰的话切不可随便说，一定要注意用词，注意分寸。

这样安慰别人

● 不要忽略对方在意的事情。

　　不要将对方在意的事说成没什么大不了的事，对方会认为你并不了解事情的真相，就没有权利说这样的话。

● 安慰之前先理解对方。

　　人在难受的时候，最需要的不是忠告与鼓励，而是有人能理解自己。所以，表达同感是最好的安慰。

● 静静的陪伴也是一种安慰。

　　如果实在不知道如何安慰，最好什么话也不要说，静静地待在对方身边，拍拍对方的肩膀，给对方一个拥抱，这比千言万语更管用。

动人的赞美

"哇！你的裙子好漂亮呀！"

"这钱包是你绣的吗？真精致，你的手可真巧呀！"

"你的笔记真工整，简直像电脑打印出来的。"

听到这样的赞美，心情会不会变得格外好呢？

赞美的话说得恰到好处，就能成为生活中一道美丽的风景，赞美的人收获真心和友爱，被赞美的人获得自信与快乐。然而，赞美的话如果不是出于真心，或者过了头，常常会造成适得其反的效果。

下面这些赞美需打住：

1. 太过夸张的赞美

夸大其词、不符合实际情况的赞美会让人感觉很虚伪，有奉承或讽刺的嫌疑。

我知道自己打得烂，你不用讽刺我。

左帅，你的篮球打得简直比姚明还棒呢！

2. 有口无心的赞美

嘴上说出赞美的话，脸上却露出一副满不在乎的表情，这样的赞美还不如不说。

3. 有求于人的赞美

需要别人的帮助，想要拉拢别人，于是说出赞美的话，这样的赞美很少有人喜欢听哦！

记住：发自内心的、符合事实的、具体的赞美是最动人的。

完美女孩 的 口才 妙方 Good Eloquence

我要说一声"谢谢"

得到别人的帮助，说"谢谢"；

被人赞赏，说"谢谢"；

获得他人的原谅，说"谢谢"；

……

"谢谢"是一个充满魔力的词，只要将它说出口，就能立刻赢得别人的好感。常常把"谢谢"挂在嘴边，时刻对生活充满感恩，我们会因此收获更多的快乐，也会获得更多的喜爱和认可。

★如何说"谢谢"？

1.真诚地表达谢意。

　　不要把感谢说成客套话，要发自内心地表示感谢。

2.注视对方的眼睛，露出微笑。

　　表达感谢时，专注地看着对方，并露出礼貌的微笑，这样你的感谢才显得真挚。

3.感谢要有所指。

　　说"谢谢"时，让对方了解感谢的具体原因。别一个劲地说谢谢，却弄得对方一头雾水。

4.懂得回报。

　　除了说"谢谢"，还可以表达想要回报的心情。如："谢谢你的帮忙，以后有什么事尽管找我，我一定尽力而为。"

谦虚一点儿吧！

这没什么，我在原来的学校也一直是第一。

范佳琪期中考试得了全校第一名，同学们对她刮目相看，都过来祝贺她。

"范佳琪，你真厉害！"

"原来你的成绩这么好，以后多帮帮我呀！"

听到大家的话，范佳琪露出一副不以为然的表情，说道："这没什么，我在原来的学校也一直是第一。"

此话一出，大家全都各回各位，再也没有人理范佳琪了。

面对大家的夸奖，范佳琪是不是有点儿自负呢？太过强势或太自负都会给人难以接近的感觉，这样的人自然很难得到别人的喜爱。想要给身边的人留下一个好印象，想要获得好人缘，必须得学会说谦虚的话。

说谦虚的话

- 当别人称赞或表扬你时，你可以将功劳分一些给其他人，让他人和你一起分享赞美。——"这是我们俩一起完成的。"

- 将自己取得的成绩化小，只当是一件稀松平常的事。——"这没什么，都是我应该做的。"

- 用开玩笑的方式应对别人的称赞。——"真没想到我也有今天，真是屌丝逆袭啊！"

- 面对别人的赞美，先表示感谢，再请对方批评指正。——"谢谢你的肯定，如果我有做得不够好的地方，你一定要告诉我哦！"

★别谦虚过了头！

适当地谦虚让人欣赏，如果谦虚过了头，把自己说得一无是处，反倒给人傲慢的感觉。俗话说："过分的谦虚等于骄傲。"所以，我们千万要把握好谦虚的分寸。

对此我感同身受

林小丁的爷爷去世了，她伤心极了，每天以泪洗面。大家都来安慰她，不但一点用也没有，还惹得她更加难过。看着万分悲伤的林小丁，李杏儿的心情也十分沉重。

一天放学后，大家都走了，教室里只剩下林小丁和李杏儿。李杏儿走到林小丁身边，露出一丝心疼的微笑，然后轻轻握住她的手说："我知道，你现在很难受。去年我奶奶去世的时候，我也痛苦极了，每天吃不下饭，睡不着觉。可是，爸爸对我说，如果我继续这样下去，天上的奶奶一定更难受……"

听完这番话，林小丁的眼睛里又流出眼泪来。不过，她很快擦干眼泪，努力露出一个微

笑，对李杏儿说："你说得对，我不能再这样下去了。"

　　人在情绪低落时，常常会觉得很孤单，甚至产生"没有人能理解我"的想法。这个时候，她（他）最需要一个能懂她（他）的人。所以，在别人伤心难过时，如果我们能说一些感同身受的话，就能顺利走进她（他）的心里。

感同身受的话

我和你有同感。

这没什么，我也和你一样呢！

我能理解你的心情。

完美女孩 的 口才 妙方 Good Eloquence

理解万万岁

"小丁，你快去教室看一看吧，王雪珂把你的文具盒摔坏了。"

林小丁跑进教室一看，她的座位旁散落了一地的文具，而"肇事者"王雪珂早已不见了踪影。见到这情形，林小丁什么也没说，赶紧蹲下将文具一一捡起来。

"王雪珂一定是故意的，不然她为什么不帮你把文具捡起来呢？"李杏儿凑到林小丁耳边推断道。

林小丁想了想，笑着回答道：

"你想多了啦，她一定是有什么急事，没来得及捡。谁也不会做了坏事，还故意让别人抓住把柄。"

拥有一颗理解别人的心，是不是特别有亲切感呢？遇到事情首先从别人的角度想问题，理解别人的心情和立场，许多大问题就会变成小问题，很多误会就会化解。人和人之间应该多一些理解和宽容，这样一来，自己会少很多烦恼，别人也会从我们这里获得安慰和感动。

说理解的话

当请求遭到拒绝时

请理解别人的难处。为了消除对方抱歉的心情，可以对他说："别放在心上，我能理解。"

当别人不小心伤害了你

请大方地原谅别人，对他说："没关系，我知道你不是故意的。"

当别人误解你时

当别人误解你时，不要急于辩解或埋怨，请先对他说："你的心情我能理解，但请你相信我。"

当别人犯了错遭受众人指责时

当别人犯了错，被所有人指责时，请对他说："我明白你已经知道错了，一切都会好起来的。"

动之以情，晓之以理

周一航在教室里玩打火机，遭到了同学们的反对。

有的男生比较固执，通常听到命令、警告的话，会产生逆反心理——"你越是这样说，我越是要这样做。"所以，强硬的手

段绝不是劝慰人的好方法。

想规劝别人，绝不能一味地反对他，而是应该冷静地讲道理，再动用一点点情感子弹，让对方心服口服，心甘情愿地放弃错误的想法或行为。

 ## 1.晓之以理

> 不要讲一些空泛的大道理，消磨对方的耐心。所谓的道理，是清晰地摆出事情的利弊，最好站在对方的角度想问题，说出这样做对对方不利的方面，让对方产生主动想要放弃错误的念头。

 ## 2.动之以情

> 人是有感情的动物，谁的内心都有柔软的一面。与其想着如何说服别人，还不如先走进对方的心里，让她（他）被你的真诚和真心所打动，从心底里意识到自己的错误。

如果是为了别人好

上体育课时，女生们正在练习打排球。王雪珂正打得开心呢，李杏儿突然跳到她身边，指着她的身后大声说道："王雪珂，你后面出血啦！"

王雪珂扭头一看，裤子上方果然有一小块血迹。再抬头一看，所有人都停止了练习，全把目光放在了她身上。

此时，王雪珂的脸刷地一下就红了，她丢下一句"李杏儿，我恨死你了"，然后头也不回地跑了。

李杏儿一脸尴尬地站在原地，心里委屈极了，心想：我好心提醒她，她怎么这样啊！

女生到了一定的年龄就会来月经，一个不注意血迹就会漏到了裤子上。弄到裤子上就算了，被全班的同学看到，对心理敏感的女生来说，这无疑是一件非常尴尬、丢脸的事。这就不难理解王雪珂为什么会对李杏儿发火了。

李杏儿虽然出于好意，可是她的方式不恰当，不但没有帮王雪珂解决问题，反而给她带来了更大的麻烦，这样的好意又如何让对方心领呢？

★如果是为了别人好，我们绝不能当众指出令对方尴尬的失误；

★如果是为了别人好，我们应该替对方考虑，先考虑后果，再做出行动；

★如果是为了别人好，我们应该顾全对方的面子，不做让对方难堪的事。

当我们懂得尊重，懂得为别人着想时，就会抛开那颗自私的心，成为一个大方、大度的女生啦！

所以，学一学旁边这位同学吧！

杏儿，快整理一下你的裙子。

哦！多亏你提醒。

完美女孩 的 口才妙方 Good Eloquence

我想对爸爸妈妈说……

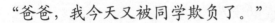

大大咧咧的李杏儿常对爸爸妈妈说的话是这两句：

"爸爸，给我点零花钱。"

"妈妈，晚饭准备好了吗？"

叛逆的王雪珂常对爸爸妈妈说的话是这两句：

"爸爸，我的事我要自己做主。"

"妈妈，你能别翻我的抽屉吗？"

内向的林小丁常对爸爸妈妈说的话是这两句：

"爸爸，我今天又被同学欺负了。"

"妈妈，我最近心情不太好。"

每个同学经常对爸爸妈妈说的话都不一样，可是她们有一个共同的特点，那就是说的这些话都是为自己着想的话，而不是为爸爸妈妈着想的话。

爸爸妈妈是我们最亲密的家人，他们总是什么事都先想着我们，也常常围着我们转，而我们怎么能只考虑自己，却不表达对他们的关爱呢？

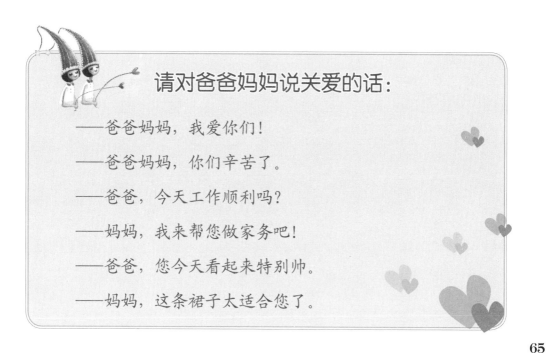

请对爸爸妈妈说关爱的话：

——爸爸妈妈，我爱你们！

——爸爸妈妈，你们辛苦了。

——爸爸，今天工作顺利吗？

——妈妈，我来帮您做家务吧！

——爸爸，您今天看起来特别帅。

——妈妈，这条裙子太适合您了。

那么，从现在开始，你会常对爸爸妈妈说什么呢？

完美女孩 的 口才妙方 Good Eloquence

第 3 章

开发你的
语言领导力

我的语言磁场

"请大家安静一下，听我说几句话！"

林小丁一开口，原本炸开了锅的教室立刻安静下来，大家都将目光集中到林小丁身上，专注地等待她开口。

李杏儿常常有这样的疑问：为什么林小丁说话的时候，大家都会不自觉地安静下来听她说话呢？她为什么会有这样强大的气场？这简直太不可思议了。

其实我们不用羡慕林小丁，因为这种气场强大的语言领导力并不是天生的，只要我们掌握了其中的诀窍，也能像林小丁一样，拥有吸引人的语言磁场哦！

放大你的语言磁场

1.专注而坚定的眼神

如果你的眼神够专注，够坚定，别人就能透过你的眼睛看到希望，自然就能构建起最基本的信任。相反，如果你的眼神闪闪烁烁、游离不定，又如何给别人力量呢？

2.自信大方的语气

大方地说出自己的想法和意见，透过声音传递态度，大家自然会被你的自信所感染。如果你说话犹犹豫豫、担惊受怕，很快就会让大家怀疑你的能力。

3.偶尔幽默的表现

为了不让氛围太严肃，偶尔开点小玩笑，说一些风趣的话，能够增加你的魅力值哦！

4.值得信任的行动力

一个具有领导力的人绝不会随便说话，说出口的话就一定要用行动去证明。如果行动不像语言那么具有说服力，一旦被揭穿，就会失掉人心。

69

请讲重点吧！

"李杏儿，告诉你一件事哦……"

每当范佳琪这样说的时候，李杏儿都想马上逃走，因为她知道接下来将要面对一番比演讲还要冗长的讲述。

"前天，我走在路上，就是从我家到学校的那条小路。因为刚下了雨，路上到处是坑坑洼洼的……"

"她究竟要说什么呢？"李杏儿心里泛起了嘀咕，她感觉范佳琪讲了一个世纪那么长的时间，还没有讲到重点。

急性子的李杏儿终于受不了了，趁着范佳琪吞口水的空当，她壮着胆子建议道："你能讲重点吗？"

对别人讲一件事、讲一段故事，如果叽里呱啦说了一大通，还没有讲到重点，相信没有谁能耐着性子听下去吧！正说到兴头上，突然被人打断，这种滋味自然不好受。我们在埋怨对方没耐心、没礼貌的同时，是不是也应该反省一下自己，说话是不是太没重点了呢？

前天，我走在……

你能讲重点吗？

说重点吧!

将复杂的事情简单地说,或者用问话的形式让对方参与其中,才能抓住对方的耳朵,愉快地将对话进行下去哦!

怎么样,去掉那些没必要的枝枝叶叶,将重点讲出来,再让听的人参与到对话中,是不是让聊天变得更有趣了呢?

请说积极的话

如果听到这些话，你的眉头是不是会不自觉地皱起来呢！如果总是有个人在你耳边念叨这些沮丧的话，你会不会

很想赶快逃离现场呢！

没错，那些消极的语言总让人备感压力，心情变得格外沉重。嘴上总挂着消极的话，不仅让自己越来越难受，还直接影响了他人的心情。

所以，我们应该多说积极的话，让自己，也让他人的心情更愉快一些。

怎么样，当我们说这些话时，是不是感觉窗外的天更明亮了，心情也越来越好了？大声说出这些话吧，用你的乐观感染身边的人，他们会更乐意与你交谈哦！

下列哪些词代表积极乐观，请你将它们圈出来，并记得常常使用它们哦！

高兴	痛苦	烦躁	幸福	可爱
伤心	美好	倒霉	气愤	真棒
加油	害怕	郁闷	有趣	不错
糟糕	漂亮	努力	讨厌	万幸
相信	精神	紧张	没事	当然

完美女孩 的 口才 妙方 Good Eloquence

建议也要提得好听一点

"你不要再穿粉红色的贴身T恤啦，显得你特别胖。"

当蒋一一这样劝告陈美涵时，陈美涵狠狠地白了她一眼，回敬道："哼，关你什么事啊，我乐意！"然后气呼呼地离开了。

蒋一一委屈极了，心想：我好心好意劝她，也是为了她好呀，没想到她竟然不领情，真是"狗咬吕洞宾——不识好人心"！

对于绝大多数的人来说，直言不讳的忠告一点儿也不动听。当我们听到别人对自己的忠告时，第一感觉绝不会是"他是为了我好"，而是"他自己也没好到哪里去，凭什么说我"。

即使真心为了对方好，也尽量不要郑重其事地提出忠告。给对方一些温和的建议，更容易被接受哦！

如果只是为了满足自己的感受和利益，这样的忠告坚决不能提。

用自己的原则和标准去要求别人，这样的忠告最让人讨厌。

如果真心为了别人好，请委婉地提出建议。

对话突然中断了

你的字写得真工整呀！

"李杏儿，你的字写得真工整呀！一定练过吧！"

"呵呵，没有啊！"

抛出一个话题，得到"呵呵""是啊""嗯""不是"等这样简单的回答，实在很难将话题进行下去，于是对话就这样中断了。

　　不管是和不太熟的人交谈，还是和好朋友聊天，都有可能出现对话突然中断的状况。这个时候，如果不能让对话自然地进行下去，双方一定会特别尴尬吧！如何巧妙地接上突然中断的对话呢？对于具有语言领导力的女孩来说，这并不是什么难事哦！

1.赶快用开放式的问题来补救吧！

　　当你提出的问题用"是"或"不是"就能回答时，对话很容易就会终止。这时候提出一些对方容易提出想法和建议的问题，就能轻松打开对方的话匣子啦！

2.转移话题化解尴尬的气氛。

　　对话突然终止了，又找不到合适的话题接下去，这可怎么办？没关系，不妨转移下话题，最好是轻松点的，比如天气或讲个笑话。即使不能让双方侃侃而谈，也要轻松愉快地结尾哦！

说了不相干的话

　　林小丁和陈美涵正在聊蜜蜂如何勤劳地工作，李杏儿却突然插上一句跟这件事没多大关系的话，是不是很让人扫兴呢？虽然很认真地听大家说话，却找不准主题，说出一些莫名其妙的话，比沉默不语更可怕呢！

　　如果想要参与到对话中，就不能随心所欲地乱插话哦！在开口之前，先弄清楚大家谈论的主题，再寻找合适的切入点，说出与主题相关的见解，这样才不会打扰大家交谈的好兴致哦！

谈话四要点：

· 如果别人正聊到兴头上，千万不要突兀地插话。

· 对于完全不了解的话题，请认真地倾听，就当做是一种学习。

· 别为了吸引注意力而不懂装懂，这样很容易闹笑话。

· 请顺着别人的话来接话，不要莫名其妙地转移话题。

我是万事通！

如果对大家谈论的话题一无所知，那多么难堪呀！所以，我们在平时就应该多积累各方面的知识，对不同领域的事情都要有所了解。这样一来，不管遇到什么样的谈话内容，我们都能游刃有余地应对啦！

当有人反对我时

周五的活动课，每个小组都要拿出一个节目来表演。

李杏儿作为第四组的小组长，对组员们提出了自己的建议："我们编一个集体舞吧，一定能艳压群芳！"

"不行！我才不要跳舞呢！"一旁的左帅立马站起来反对道。

本以为自己的计划非常完美，一定能得到所有人的支持，没想到竟然有人当面反对，这让李杏儿十分难堪，一时之间不知道如何是好。

"哼！你们爱怎么样就怎么样吧！"说完，李杏儿就气呼呼地走掉了。

其实被别人反对并不是一件很丢脸的事，只是每个人的想法不一样，自然就会提出不一样的意见，我们实在没必要为此大动肝火。

对方提出反对意见，通常只是就事论事，并不是质疑你的领导力，也不是故意针对你，只要自己别那么敏感，静下心来听听别人的想法，然后再综合所有人的意见，就一定能找出两全其美的解决方案。

幽默练习场

● 当别人提出反对意见时，千万不要打断别人，让对方完整地说出他的想法，然后再做出正确的判断。

● 如果对方的想法是对的，就不要固执地坚持自己错误的想法。虚心接受别人的意见，这才是有风范的领导人哦！

● 如果双方提出的想法不存在对错的问题，试着去接受别人的意见。如果始终认为自己的想法更好，那么请委婉地说服对方，切不可用命令的语气。

完美女孩 的 口才妙方 Good Eloquence

别用命令的语气

经过商量和协调，第四组的节目终于决定了——编排一出名叫《让座》的小品。

李杏儿像个指挥官一样，用命令的口吻给组员们分配角色。大家虽然表面上不说什么，心里却并不是很痛快。很快，大家的反抗情绪在排练中体现出来，李杏儿说东，大家偏往西，完全不听从她的安排。

"我是为了大家好，他们为什么不听我的呢？"

李杏儿沮丧极了，她感觉自己像是站在孤岛上，没有人能理解她的心情。

想要被人理解，想要获得大家的支持，就不能用命令的语气。大家都是平等的，没有人乐意被人呼来唤去。如果一个人总是命令别人干这个，指挥别人干那个，很快就会失去人心，被众人遗弃啦！

身处集体中，凡事应该多商量，多听听别人的意见，这是对别人的尊重，也是对自己的尊重。

改掉命令的坏习惯吧！

● 凡事多用商量的语气

　　"你觉得怎么样？""这样行吗？"在跟他人商量一件事情时，多用问句，少说绝对的话，这样的提议更容易让人接受。

● 微笑着提出意见

　　表情太过严肃通常会让人觉得有压迫感，让人产生"你很霸道"的错觉。所以，当我们在表达自己的想法时，请露出亲切的微笑，消除别人的顾虑。

关键时刻的决断力

排练刚刚开始，第四组的组员们就已经吵成了一锅粥。每个人的想法不一样，自然就会发出不一样的声音，公说公有理，婆

说婆有理，作为小组长的李杏儿感到特别为难，真不知该听谁的才好呢！

随便听从哪一方的建议，都有可能让另一方产生失落或不服气的情绪，这样势必会影响整个团队的团结。

这样的时刻，小组长的决定在全组起到关键性的作用。作为团队的核心人物，说话总是模棱两可，左右摇摆，只会让整个团队失去耐心和信心，最后散成一盘沙。关键时刻能够果断作出决定，并有能力说服其他人的人，才能将团队的力量凝聚在一起，才能成为出色的领导者。

 明智而果断的决定

☆你的决定应该以大家的利益为出发点。

☆不能霸道地表明"必须听我的"。

☆条理分明地阐述理由，让反对变成支持。

用智慧说服他

"我们凭什么听你的，你说的就一定是对的吗？"

在李杏儿看来，左帅好像在故意针对她，无论她说什么，他总会毫不犹豫地站出来反对，真烦人。

"如果不顾左帅的反对，继续按照我的想法进行排练，以他的脾气肯定会将排练搅得一团糟！该怎么办呢？"

遇到这样的组员还真是头痛呢！当务之急是要想个办法说服他。

面对总是与自己意见相左的"劲敌"，我们究竟怎样才能成功说服他呢？这个时候口才和智慧显得特别重要。能否说服一个人，关键看你说了什么样的话。

 说服别人的4个妙方

1.将对方当成自己人。

> 想要说服别人，不是把对方放在对立面，而是要把他当成自己人，多提到"我们"，真诚地表达为他着想的心情，让他产生"这也是为了我好"的感觉。

2.对事不对人。

> 只表达这件事的建议或意见，不翻旧账，不对任何人进行评价，不让对方有"为了反对而反对"的感觉。

3.只讲自己的"是"，不说别人的"不是"。

> 说服是将自己的理由说清楚道明白，而不是极力驳斥别人的观点。如果总说别人的不是，即使对方口服了，心还是不会服。

4.保持耐心。

> 说服最忌讳的就是"说着说着就急了"，容易"上火"的人绝对不可能说服任何人。想要说服一个人，必须拥有耐心和诚心，用诚意打动对方。

请说公平的话

排练小品时，陈美涵和王睿因为意见不合吵了起来，一时间两人闹得不可开交。

这时，李杏儿赶紧站到两人中间，对着王睿大喊道："别吵啦，有什么事不能好好说？"

"你公平点行吗，明明是陈美涵先吵的。"王睿一脸不服气地说道。

"你是男生，就应该让着女生，知道吗？"

听李杏儿这么一说，陈美涵得意地将头扬得高高的，王睿则露出一副"秀才遇到兵"的表情，无奈地摇了摇头。

都别吵了，我来给你们主持公道！

大概许多人都有这样的同感吧！和一个字典里没有"公平"二字的人对话，常常会被他（她）的强词夺理和无理取闹弄得头昏脑涨。长此以往，你是否还愿意和这样的人对话呢？

想要成为合格的领导者，想要获得话语权，我们就应该保持说话的公平公正性，做一个说话有原则、有态度的女生。

请说公平的话！

· 即使是要好的朋友，也不能说偏袒他（她）的话。

· 评价一件事要就事论事，尽量不要带有个人情绪。

· 即使是不喜欢的人，有关他（她）的话也不能带有偏见。

· 说话时不要对别人严格，对自己放松。

一眼看穿对方的心

"我相信我们组的表演一定能拿第一！"

当林小丁说这番话时，李杏儿脸上的笑容突然消失了，然后冷冷地回了一句："是吗？"

"糟糕，我说错话啦！"

林小丁立马反应过来，赶紧补充道："不过，有你们组这个强敌在，这个第一可不容易呢！"

"那当然，你们可要小心哦！"李杏儿说着，脸上又露出了开怀的笑容。

通过李杏儿的反应，林小丁当即判定，她一定很讨厌别人在她面前一副志在必得的样子，于是，她话锋一转，顺利缓解了两人之间的对话危机。

每个人在说话时，常会不知不觉表露出各种表情，做出一些相应的动作，这些表情或动作通常反

90

映出一个人的心理。如果我们能通过别人的表情、动作或说话时的语气，第一时间猜透别人的心思，就能够巧妙地掌控对话的氛围哦！

透过表面看到内心

☆除了"嗯""哦"和点头，再也没有多余的语言和动作。

　　这只能说明，对方对你说的话没有太大的兴趣，或者你说的事情对方并不了解。如果遇到这样的情况，赶快转移话题吧！

☆眼睛盯着你看，身体不自觉地向你这边倾斜。

　　对方一定对你说的话特别感兴趣，并且十分期待你说出更精彩的话。再接再厉，让对方成为你最忠实的观众吧！

☆露出不自然的微笑，双手不知道该放在哪里。

　　此时对方一定非常紧张，赶紧说一些轻松愉快的话，缓解对方的紧张情绪吧！

☆表情越来越严肃，一语不发。

　　对方现在的心情一点也不好，他（她）或许需要安静。此时不适合说太多，给对方一点沉默的时间吧！

91

巧妙地转移话题

周五的活动课结束了，林小丁那组的节目获得冠军，而李杏儿带领的第四组只得了第四名。

"恭喜你，真被你说中了，你们组果真得第一了！"

能得到李杏儿的祝贺，林小丁虽然非常高兴，可是她更清楚，如果再将这个话题进行下去，双方一定特别尴尬，那么赶快转移话题吧！

"谁叫我是乌鸦嘴呢，早上一直哼着《雨一直下》，你瞧，外面果真下大雨了，悲哀的是，我还没带伞！"

"呀，还真下雨了……"李杏儿将头转向窗外，看着噼里啪啦的雨点儿，完全忘了刚刚说的事。

聊天时，并不是所有的话题都能顺利地进行下去。有些时候，为了避免尴尬、化解误会或增加对话的趣味性，我们必须果断转移话题。

转移话题也是一门深奥的学问哦！转得很糟糕，只会让原本进入冰河期的谈话结束得更彻底；转得很漂亮，则能顺利地把对话从悬崖边上拉回来哦！

转移话题小技巧：

1.岔开式

将对方的问题放置一边，做出与其有一定联系的其他回答。

2.反问式

实在无法回答对方的问题，那么将问题抛给对方吧！

3.自嘲式

在笑声中转变话题，是消除尴尬最有效的方法。

我来介绍一下……

今天是周末，李杏儿邀请了几个好朋友来家里做客，还叫上了隔壁邻居家的女孩。

"大家不要客气，随便吃随便玩哦！"

在李杏儿的热情招呼下，大家围坐在一起，一边聊天一边吃东西，好开心呀！

这时，陈美涵注意到角落里有个陌生的面孔，她正一个人默默地吃东西，一副很不自在的样子。陈美涵拍了拍一旁的李杏儿，然后指着那个女孩悄声问道："她是谁呀？"

李杏儿一边自顾自地吃东西，一边回答道："她叫左乐，住在我家隔壁。"

接下来的时间，熟悉的朋友们聊得热火朝天，可怜的左乐依然孤孤单单地缩在角落里，尴尬极了。

作为主人的李杏儿不但没有把新朋友左乐介绍给大家，还把她一个人晾在角落里，只顾自己玩乐，这样做对吗？

如果在一群人中有相互不认识的朋友，我们作为双方的朋友，有义务让自己变成一座桥梁，分别向他们双方介绍，使他们互相认识。

 如何介绍别人?

· 碰面后要做的第一件事就是介绍朋友,从一开始就消除陌生感,让后续的相处更自在。

· 站在两方中间,用清晰洪亮的声音分别介绍双方,让双方轻松记住彼此。

· 介绍的内容包括你们的关系、被介绍人的姓名,还可以适当地称赞一下被介绍人。

完美女孩 的   Good Eloquence

当别人向我问路时

"小姑娘，你知道第四人民医院怎么走吗？"

李杏儿走在放学的路上，突然有位老爷爷前来问路。

"第四人民医院？"李杏儿知道这个地方在哪里，可是她却不知道该怎么告诉对方，想了好一会儿，她才不十分确定地回答道，"一直往前走，再往左转，好像走到第二个十字路口过马路往右转就能看到了。"

"往那边走？再怎么样？左转，还是右转？"老爷爷被弄得更不知道该怎么走了！

如果热心地给别人指路，却将对方弄得越来越糊涂，这不是越帮越忙吗？指路真的有这么困难吗？究竟怎样才能将自己知道的路线完美地表述出来呢？

★ 这样来指路：

1.说出标志性建筑物。

说出沿途一些标志性的建筑物，让对方脑海中形成画面，更容易让人理清头绪哦！

2.说出大概时间或路程。

让对方知道每段路程距离有多远，大概需要多长时间，如果走错路就可以及时更正。

3.时间允许的情况下，带对方走一段路吧！

如果对方初次来这里，或是年纪太大记性不好，再清晰的指路也会让对方很迷茫，如果不着急的话，可以带对方走一段比较复杂的路，到了路线简单的地方再让对方自己走。

现在是上课时间

上课时，李杏儿正在认真听课，新同桌任惠婷突然凑过来，笑嘻嘻地说："看那儿，周一航在打瞌睡呢！"

李杏儿没理会她，继续认真听课。

过了一会儿，任惠婷凑过来又低声问道："我有一本特好看的漫画书，你看不看？"

李杏儿实在忍无可忍了，转过头来，对着任惠婷低声吼道："你能别说话吗？现在是上课时间。"

从那以后，任惠婷再也没找过李杏儿说话，不论是上课时间，还是下课时间。

制止别人上课说话的行为是对了，可是李杏儿同学用错了方式。用强硬的语气对待上课讲话的同学，虽然能够有效地制止对方说话，却有可能被对方讨厌，甚至记恨。同桌之间原本可以成为好朋友，却因为这样的小事产生矛盾，多不值得啊！

因此，当我们遇到这种情况时，应该学会用温和的态度去处理哦！

记住，即使是正确的话，为了别人好的话，也不能用恶劣的语气对别人说哦！同样的话，换一种语气，得到的结果就会很不一样哦！

完美女孩 的 口才妙方 Good Eloquence

用知识武装口才

午休时间，同学们全都围在一起聊天，大家你一句我一句，聊得很开心呢！李杏儿虽然在其中，却一句话也插不上，这让她非常苦恼。

"李杏儿，你觉得呢？"坐在一旁的陈美涵发现李杏儿一直沉默不语，赶紧将话题抛到了她这边。

"这个……"李杏儿为难极了，她支支吾吾地回答道，"我……我不是很清楚呢！"

大家沉默了五秒钟，又开始热闹地聊起来，把可怜的李杏儿晾在了一边。

大家在谈论一件众所周知的事，你却对此一无所知；或者，你很想将一件事表达清楚，脑海中却想不到合适的词汇。遇到类似的情况，你会不会特别沮丧呢！

如果脑海中储存着渊博的知识，对大部分时事了如指掌，想必一定能成为聊天高手吧！奔着这样的目的，我们是不是更应该多阅读一些有用的书籍，增长自己的见识和学问呢？

要用知识武装口才。想要拥有口若悬河、妙语连珠的口才，就要好好学习、多看书哦！

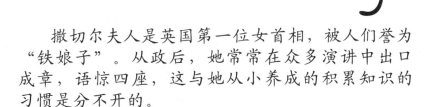

"铁娘子"的口才秘诀

撒切尔夫人是英国第一位女首相，被人们誉为"铁娘子"。从政后，她常常在众多演讲中出口成章，语惊四座，这与她从小养成的积累知识的习惯是分不开的。

撒切尔夫人从小就特别喜欢读书，文、史、政等各方面的书她都爱读，每读完一本书，她还会记下读书笔记。这样，从小学到中学，她的读书笔记竟然装了满满一箱子呢！

抛个橄榄枝吧！

"如果别人总说一些我完全不感兴趣的话，我当然很容易走神啦！"

这是李杏儿对自己不能专心听别人讲话的辩解。当我们像李杏儿这样"控诉"别人时，有没有问过自己，是否自己也总说一些让别人不感兴趣的话呢？

每个人都一样，如果遇到自己感兴趣的话题，就会变得像蜜蜂采蜜、蜘蛛织网一样得心应手，就能在聊天过程中充满活力。如果我们能大度地放下主动权，聊一些对方感兴趣的话题，叫醒对方

的耳朵，打开对方的话匣子，不管和谁都能聊到一起去哦！

林小丁——我的爷爷很喜欢京剧，每次和他聊天，我都会故意向他请教有关京剧的问题，爷爷就会特别开心地聊开了。看着爷爷开心，我也就开心啦！

千万不要觉得聊别人感兴趣的话题是在迁就他人，委屈自己，如果我们能用心投入话题中，说不定能将别人的兴趣变成自己的呢！

周一航——郑晓龙是我的好朋友，他很喜欢打篮球，我经常和他聊NBA（美国男子职业篮球组织），渐渐地，我也爱上了篮球这项运动呢！

☆如何练就火眼金睛，找到对方的兴趣所在呢？

● 如果在聊天过程中，对方已经有些心不在焉了，及时转移话题吧！

● 注意察言观色，观察对方在聊哪方面话题时神采飞扬，或急切地想要发言。

● 了解对方的爱好和特长，然后着重聊这些方面。

完美女孩 的 口才妙方 Good Eloquence

第 **4** 章

我是
演讲小·达人

我害怕当众讲话吗？

"每当我当众讲话的时候，我就感到特别紧张，喉咙就像被人掐住了似的，嗓子眼堵得慌，声音也发不出来，两条腿还不停地发抖，我真的好苦恼呀！"

这是沈小萌的苦恼，也是许多胆小的女生的苦恼。私底下说

话似乎并没有什么问题，可是一旦站在公众面前，就像变了个人似的，大脑和身体都不受控制，特别是嘴巴变得异常笨拙，即使是准备好的话也一个字都说不出来了。每到这个时候，是不是特别想逃离现场，跑到没人能看见的地方躲起来？

可是，逃避永远不能解决问题，只会让问题越来越严重。解决问题的唯一途径就是面对问题。

——紧张不是什么大不了的问题。

不管是谁，当面对陌生的环境时，身体内会本能地发出紧张的信息，这并没有什么好恐慌的。如果一点也不紧张，只能说明你不在乎这件事。

——一步一步扩大范围。

刚开始，我们可以在朋友面前表现自己，再将范围扩展到认识的人，再发展到一小群陌生人，最后在众多陌生人面前展示自己。循序渐进，就能在不知不觉中克服紧张感。

——别给自己太大压力。

不要给自己定太高的目标，不要指望第一次上台就完美发挥，只要这一次比上一次表现好就值得肯定和鼓励。

完美女孩 的 口才妙方 Good Eloquence

有备而来，万无一失

"李杏儿，下周的演讲比赛你准备得怎么样了？"

"这有什么好准备的，到时候临场发挥就好了！"

在李杏儿看来，最出色的演讲就是没有演讲稿也能在台上侃侃而谈。殊不知，即使是即兴演讲，在演讲前也需要准备资料和素材，整理自己的思路。准备得越充分，才能越有自信，演讲才会越成功。

如果没有做好准备，在现场出现突发状况时就会不知所措。

没有做好准备，心里就会没有把握，就没法拿出最好的状态去演讲。

这么严重呀，那我还是赶紧好好准备吧！

演讲前的准备

● **1. 背熟演讲稿**

　　将演讲稿背得滚瓜烂熟，就能够顺利脱稿，流畅地演讲，这是对观众的一种尊重，同时让你有多余的精力去运用眼神和手势。

● **2. 录下自己的演讲**

　　用录音工具录下自己的演讲，看看哪些地方需要改正和提高。反复录音，反复改进，确保正式演讲时达到最佳水平。

● **3. 给自己一些提示**

　　将提示性的词、句子写在手心里，或准备好的小纸条上，如果在演讲中突然卡壳，可以及时地自我拯救。

● **4. 自我鼓励**

　　演讲前请对自己说："我能行！我一定能做到最好！"给自己树立自信心，消除演讲时的紧张感。

完美女孩 的 口才妙方 Good Eloquence

闪亮的开场白

"大家好，我要演讲的题目是……"

当李杏儿讲第一句话时，台下已经有人打起了哈欠，还有人东张西望起来……这究竟是怎么回事呢？

"我明明很认真在演讲呀，大家为什么不能集中注意力听我的呢？"

其实，演讲就跟写作文一样，开头是最难的，但开头却起到关键性的作用。如果一开始大家对你的演讲不感兴趣，即使后面的内容再精彩，也很难将大家的注意力拉回来哦！那么，什么样的开场白才能抓住观众的心呢？

想要通过三言两语让观众听你的，开场白绝对不能太平淡无奇，只有独特新颖的开场，才能掌控全场，让观众专心跟着你的思路听下去。

什么样的开场白最闪亮？

1.以新颖、独到的观点作为开头

用别人意想不到的见解引出话题，制造悬念，一定能震撼观众，让他们迫不及待地想要听下去，听听你会给出怎样奇妙的解释。但是，我们不能为了吸引注意力，说一些胡编乱造的话哦。

2.诙谐的自我介绍

如果演讲的主题不宜另辟蹊径，我们可以用诙谐的自我介绍开场。用幽默自嘲的语言介绍自己，可以瞬间拉近与听众的距离，让你成为一个有吸引力的演讲者哦！

别遗弃了主题

　　"纸张是树木制造成的，我们每天要用掉许多纸，就必须砍掉许多树木。渐渐地，绿色的地球就会被沙漠覆盖。

　　城市没有了，森林没有了，海洋没有了，我们只能搬到外太空去。可是，那需要科学家们制造好多宇宙飞船，还要找到适合人类生存的星球。

　　据说，科学家在火星上勘探到了水，目前火星是人类迁徙的最佳目的地哦！如果我们能坐飞船去火星，就成了真正的火星人啦……"

演讲时，李杏儿越讲越起劲，台下的同学们却越听越糊涂。

大家都猜错了，其实李杏儿的演讲主题是"节约用纸"。一开始，李杏儿还在围绕主题讲，为什么讲着讲着就不知道说到哪里去了呢？

不能牢牢地抓住主题，就会让演讲内容飘忽不定，即使表达再流畅，语言再精彩，也会让听众不知所云。遗弃了主题的演讲，就像失去根的树，即使再枝繁叶茂，也会在很短的时间枯萎掉。

 ## 请拾起主题

☆不管是举例还是讲故事，都不能偏离主题。

☆每一段话都要与主题有关。

☆相关的链接一定要简短。

☆说明与解释的话不要太长，容易将主题淹没。

☆结尾处一定要点题。

完美女孩 的 口才妙方 Good Eloquence

糟糕，突然卡壳啦！

"这个……这个……"

糟糕，演讲进行到一半，突然卡住了。下面是什么内容呢？完全想不起来，脑子里一片空白。

看着台下同学们奇怪的表情，看着一旁慕容老师焦急的神情，李杏儿越来越紧张，再也想不出一个字了，她只好丧气地低下头，小声说道："对不起，我忘词了。"

突然卡壳的原因有很多，担心自己讲不好引发紧张的情绪，演讲稿没能记牢，现场出现突发状况……无论哪一种原因造成卡壳，都会给演讲带来严重危机。有了一次卡壳的经历，势必会给下一次上台留下阴影，卡壳将成为演讲台上跨

冷静，冷静，我一定能想起来……

哈哈，有了……

不过去的一道坎儿。

卡壳已经造成，即使再努力地回想，也未必能想起接下来的内容，那么就真的只能以一句"对不起"结束吗？有没有什么补救的办法呢？

演讲中卡壳补救措施：

1.保持冷静和淡定，尽量控制不安和紧张的情绪。

2.忽略台下观众的反应，给自己留一些思考的时间。

3.寻找到"断点"，在心里重复上一句话，或上一段话，接上"断点"。

4.直接丢掉卡壳的部分，接上记得的部分讲下去。

5.抛弃演讲稿上的内容，临场发挥。即使说得不好，也比不说好。

演讲卡壳时千万不要出现负面情绪，"糟了""我什么也想不起来了""我现在一定很可笑"这样的话想都不要想。记住，只有积极面对才能创造好的结果哦！

好像没人听我说话呢！

真像我一个人在自言自语啊！好伤心哦！

好不容易摆脱了卡壳的危机，演讲终于回到了正轨。

李杏儿看看台下的同学们，有的在埋头写着什么，有的在打瞌睡，有的在窃窃私语，似乎没有一个人在听她说话呢！

"你们到底有没有在听我说呀！"

李杏儿很想大声叫出来，可是慕容老师在场，她实在不敢发作，只好硬着头皮继续讲下去……

作为演讲者，最悲哀的事大概就是没有听众吧！一个人唱独角戏，比所有人都盯着你看更令人难受。

真的没有听众吗？

有时候感觉自己被忽略了，实际上是一种自卑的表现。因为觉得自己说不好，所以主观认为大家都不会认真听，偶尔发现心不在焉的观众，就盲目地认为大家都没听。想要获得听众，首先应该找回自信哦！只有自信满满地站在台上，大家的目光才能被你的光芒吸引哦！

如果真的没有人在听……

1.抛弃法

既然听众"抛弃"了你，你也可以选择"抛弃"观众。别介意别人有没有在听，按照自己的节奏讲下去就是成功。

2.幽默法

大家之所以没听，大概是演讲的内容太无聊了。如果在这个时候加入一点笑料，一定能拉回不少听众呢！

完美女孩 的 口才妙方
Good Eloquence

可怕的突发状况

李杏儿的演讲就要接近尾声时，坐在教室后排的郑晓龙突然打了一个响亮的饱嗝，引发哄堂大笑，就连慕容老师也忍不住"噗嗤"一笑。

"不要笑了，听我讲完行吗？"

李杏儿急得直跺脚，可是大家根本不听指挥，依然发出"咯咯咯"的笑声。最后只好慕容老师出马了："大家安静一下！"

可是，等大伙儿都安静下来了，李杏儿却忘了自己该讲什么，支支吾吾了半天才想起演讲的内容。

"都怪郑晓龙，没事打什么嗝呀！"事后，李杏儿埋怨道。在她看来，如果没有郑晓龙打嗝事件的发生，她的表现肯定要好很多呢！

与其把失误归咎于无法预料的突发状况，不如从自己身上找找原因吧！如果我们能临危不乱、镇定自若，再可怕的突发状况也打不倒我们呀！

演讲中，应对突发状况的办法只有一个——以不变应万变。演讲一旦开始了，就要尽量一讲到底，千万不要让任何不相干的事妨碍到你的演讲。

注意啦!

　　如果突然有听众提出与演讲主题有关的问题,这样的突发状况可不能置之不理啦!能够回答对方,就用简短的语言作出回答;如果不能回答对方,就实事求是地说"对不起,我不知道",然后再继续自己的演讲。当然啦,如果是无聊的问题,就当作没听见吧!

完美的收场

"谢谢大家，我的演讲结束了！"

李杏儿说完这最后一句，长长地舒了一口气。她刚准备下台，不小心听到第一排的王睿小声嘟哝道："终于讲完了。"再看看其他同学，也好像一副刚刚解脱的样子。

"接下来由陈美涵上台演讲，大家掌声欢迎！"

陈美涵自信满满地站在讲台上，短短五分钟却引发了数次掌声。当陈美涵说完最后一句话时，还有同学意犹未尽地喊道："就结束了？"

为什么会有这么大的反差呢？开头更新颖、内容更流畅、主题更明确，除了这些，还有结尾更完美。

一次成功的演讲，必须有一个完美的结尾。然而，结尾是演讲很难处理的一个环节。结束太仓促，会让听众以为你忘词了；结束太拖沓，又会让观众失去耐心。只有恰到好处的结尾才能让听众回味无穷。

那些精妙的结尾

● 1.点明主题

用精练的语言，对主题进行概括，起到突出中心、首尾呼应、画龙点睛的作用。

● 2.以问题结束

提出发人深省的几个问题，让听众参与到演讲中来，引发听众的思考。

● 3.幽默的结尾

用幽默、诙谐的话语或动作结尾，在笑声中结束演讲，给听众和自己都留下美好的回忆。

● 4.在高潮时结尾

当听众正听到兴头上时，演讲戛然而止，能让听众有意犹未尽的感觉，让大家更期待你的下一次演讲。

Good Eloquence

只是背稿子吗?

相比第一次的状况百出,李杏儿的第二次演讲非常顺利,因为她将准备的内容全背了下来,而且声音洪亮,一字不漏。

"一一,你觉得我的演讲怎么样?"

"呵呵,还好吧!"

得到这样的回答,李杏儿可高兴不起来,她还以为自己的演讲在别人眼里非常精彩呢,看来结果不尽如人意呀!

为什么会这样呢?虽然流畅地背下一篇稿子是件很了不起的事,但这样的演讲会让人觉得很无聊。没有惊喜,也没有高潮,这与背书又有什么两样呢?然而,一次精彩的演讲绝不是背出来的。

我们穿衣服的时候,如果能加上一些精致的饰品,胸针、腰带、手链……就能给人眼前一亮的感觉。演讲也是一样,加上一些小元素,也能让人耳目一新哦!

 演讲小元素:

1.融入实例或故事

将生活中生动有趣的实例或故事融入演讲中,就能让演讲没那么枯燥啦!内容尽量简短一些,紧扣主题。

2.运用恰当的肢体动作

如果只是笔直地站在台上演讲，那一定很无趣。说话间加入一些手势、动作，能将听众带入话题的情境中哦！

3.有感情地演讲

像背课文一样硬邦邦地演讲绝不可能打动任何人。根据演讲内容的变化，做出相应的表情，声音中释放相应的情绪，演讲就能像歌曲一样牵动人心。

听得懂的演讲

"刚刚李佳佳说的那番话是什么意思啊？什么叫蝴蝶……蝴蝶效应？"

"我也不知道呢！"

李佳佳演讲时，台下的同学们努力地想听懂她在说什么，可是脑子里的问号越来越多，奇怪的专业名词、费解的文言文、寓意深刻的名言警句……堆砌成了一座陌生又陡峭的山峰，让大家望而却步。

> 一只蝴蝶扇动几下翅膀，也可能引发一场可怕的龙卷风哦！这说起来有些不可思议……

"李佳佳，你的演讲好难懂哦！"

当李佳佳听到这样的评论时，她越发得意起来，心想：越让人听不懂的演讲越有水平，越能证明我很博学哦！

真是这样吗？当然不是啦，一段让人听不懂的演讲绝对不能算成功的演讲。因为演讲的目的就是为了抓住听众的耳朵，让每个听众都融入其中，只有浅显易懂的演讲才能真正做到这一点。

即使是再深奥的主题，也能用最浅显的语言来表达，让每一个观众都听得懂，这才是最出色的演讲。

请用简单的话来演讲！

· 尽量不要使用太生僻的字或词。

· 遇到难懂的词，请用简单的语言解释一遍。

· 尽量用短句，不要一口气说很长的句子。

· 举例子、打比方是最好的解释方式。

· 不要掺杂英语、文言文等深奥难懂的内容。

· 尽量选用常见的四字成语。

· 表达复杂的话题时请放慢语速。

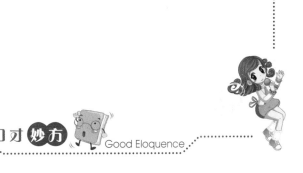

完美女孩 的 口才 妙方 Good Eloquence

使人发笑的演讲

陈美涵演讲的时候，台下发出一阵又一阵笑声，有几个同学甚至笑得从椅子上跌坐到地上呢！

李杏儿一边笑，一边露出羡慕的眼神，心想：如果我的演讲也能这样有趣就好了。

幽默的演讲似乎有一种魔力，能够让现场的气氛变得轻松自在，第一时间抓住听众的耳朵，让台上台下打成一片。

有些人天生具有这样的幽默气质，只要他一上台，就能给听众带来层出不穷的欢乐；而有一些人，他们并不是搞笑的类型，却掌握了一些制造幽默的技巧，将听众们带入一个又一个逗趣的高潮。

如果你不是天生具有喜感的相貌，也没有说话总让人发笑的幽默细胞，那就赶快掌

我要说三点：第一是……第三是……

第二点呢？

握一些制造幽默的技巧吧！

 使人发笑的

小技巧：

——现场寻找幽默元素。拿演讲中出现的小状况、小插曲进行调侃，或用自嘲制造幽默效果。

第二点，我还没想好呢！

哈哈……

——平时的生活中积累幽默小段子。将生活中有趣的事、新奇的事记录下来，演讲时说给大家听。

——不按常理出牌的小插曲。打破正常的秩序或规则，给人耳目一新的感觉，让大家在出乎意料之后开怀一笑！

注意啦！

·一个笑点尽量不要重复使用。

·别在听众笑之前先笑。

·不要拿别人开玩笑。

完美女孩 的 口才妙方 Good Eloquence

书是演讲的朋友

陈美涵和李杏儿的演讲谁的更能打动听众呢？大部分更欣赏陈美涵的演讲，比起那些无聊的大道理，各种有趣的典故更加吸引人，更有说服力。

"我也想像陈美涵那样举例子，可是我实在想不出来呀！"

许多人都有李杏儿这样的烦恼，举例子、说典故似乎并不是一件容易的事。其实，典故或故事并不是凭空想象出来的，而是从各种书籍中看来的。多看书，多阅读，人的大脑就会像电脑一样存储大量的资料，需要哪些资料，只要输入关键词，就能轻易地拿出来啦！

> 古时候，匡衡将自家的墙壁打开一个洞，借着邻居家的烛光读书；车胤将萤火虫装在布囊里，借萤火之光苦读……古人在如此艰苦的条件下依然刻苦读书，而我们……

> 我们一定要刻苦读书，勤奋读书，这样长大以后才能实现理想，成为有用的人……

★书是演讲的朋友

1.名人故事类书籍

多阅读这类书籍，在演讲中举实例时就能信手拈来啦！

2.励志类书籍

这类书籍能够修炼你的品性和意志，让你找到自信，收获勇气。

3.名著和哲理类书籍

扩充自己的词汇量，学会主动思考问题，拥有自己的思想和见解，提升自我修养。

4.童话类和百科类书籍

培养自己的想象力和幽默感，让自己的思维变得更加开阔。

完美女孩 的 口才 妙方 Good Eloquence

你经常做笔记吗?

放学后李杏儿在教室里捡到了陈美涵的笔记本。

"不会是私密日记吧!"在好奇心的驱使下,李杏儿打开了笔记本,结果里面密密麻麻地记着好词、好句、读后感什么的。

2013年12月21日

好词: 袅袅娜娜　神采奕奕
披红抹绿　娓娓而谈
好句:

——生活是一只看不见的储蓄罐,你投入的每一分努力都不会白费。

——有些路看起来很近,可是走下去却很远的,缺少耐心的人永远走不到头。

凡尔纳——《八十天环游地球》,小说主人翁福格和朋友打赌,在八十天内环游地球一周。随后他和仆人路路通开始了艰难的旅程,经历千辛万苦终于实现了环球之旅。这个故事告诉我,有了想法就要勇于行动,只要付出努力,即使再遥不可及的梦想也可以实现……

"记这些东西有什么用呢？"李杏儿随意地翻看着，突然眼前一亮，"咦，《八十天环游地球》，这不是昨天她在演讲上讲的那个故事吗？"

"我说她演讲怎么那么出色呢，原来笔记本是她的秘密武器呀！"

人的记忆力是有限的，即使记得很牢的知识也容易忘记，如果有一个助手帮助我们记忆，就不怕记忆溜走啦！俗话说："好记性不如烂笔头。"养成经常做笔记的好习惯，将学得的新知识和演讲素材记录下来，成为演讲的基础。

★ 随身携带笔记本，随时记录有用的知识。

★ 养成写读书感悟的好习惯。

★ 身边有趣或新奇的事也可以记录下来。

★ 经常翻阅笔记。

完美女孩 的 口才妙方 Good Eloquence

即兴演讲有绝招

语文课上，慕容老师让同学们自己编故事，然后上台讲故事。

当范佳琪上台讲故事时，李杏儿发现她俩编的故事内容几乎差不多。

"这可怎么办？如果照着之前编好的故事念，慕容老师一定觉得我的故事很没新意。与其这样，还不如临时再想一个故事呢！"

正当李杏儿发愁时，慕容老师喊出了她的名字："李杏儿，请到台上来。"

为了避免和别的同学说一样的故事，李杏儿竟然空着手走上了讲台。她定了定神，大声说道："我要讲的故事是发生在我小时候的一件事……"

李杏儿讲的故事很简单，远没有她写在作文本上的故事有趣，可是当她讲完时，教室

里却爆发出雷鸣般的掌声。

慕容老师说："能够即兴讲故事真的很勇敢，以后大家要向李杏儿同学学习哦！"

比起事先准备好演讲稿的演讲，即兴演讲的难度更大，却更有吸引力。不过，即兴演讲要想做到像备稿演讲一样语言流畅、层次分明，可不是一朝一夕的功夫哦！

1.踏出即兴演讲的第一步

想要在演讲台上畅所欲言，就要有丢掉演讲稿的勇气。也许一开始会错漏百出，甚至被人嘲笑，但只要拥有一次又一次去尝试的勇气，就能获得一点一滴地进步。

2.做好充足准备

即使是即兴演讲，也得在脑海里做好准备。上台前，必须理清思路、想好框架、整理语言，然后条理清楚地说出要表达的内容。

3.选择熟悉的内容

人往往对自己熟悉的事物最有把握。即兴演讲时，尽量选择熟悉的主题、故事来说，这样就能避免卡壳、词穷的状况出现。

让语言具有画面感

"咦！郑晓龙的座位旁怎么围了那么多人？我们也去瞧一瞧吧！"

蒋一一拉着李杏儿挤进人群里，只见郑晓龙正站在椅子上，手舞足蹈地说着什么。瞧他那夸张的语气，再加上搞笑的动作，逗得大家哈哈大笑。

李杏儿仰头望着生龙活虎的郑晓龙，顿时觉得他像明星一样耀眼呢！其实他说的故事很普通嘛，可是传神的表演为他加了不少分呢！

身体动作是语言的一部分，当我们表示同意时会点头，表示否定时会摇头，希望对方小声一点时，会把食指竖在嘴巴中间，发出"嘘"声……动作配合着语言，让我们能更加清晰地表达自己的想法和意愿。如果我们能恰到好处地利用这些身体语言，就能让说出的话具有画面感，更有吸引力哦！

1.用身体语言回应对方说的话

听别人说话时，除了嘴上的应答外，用身体语言来作答更能让对方感觉到你的专注和投入哦！点头、摇头、摆手、鼓掌、捂嘴笑……每一个真性情的动作能让你们的交流更愉快哦！

2.夸张的身体语言

当对话进入到冰河期时，为了打破沉闷的气氛，我们不妨在说话时加入一些夸张搞笑的动作，就能让氛围顿时活跃起来哦！

第 **5** 章

这些语言禁忌
你知道吗

唠叨要不得

出门前，妈妈反复交代李杏儿，不要忘记上学要带的东西。李杏儿一边准备出门，一边不耐烦地嚷嚷道："妈，你别再唠叨啦！"

到了学校，李杏儿一见到陈美涵，就跑过去对她说："昨天跟你说的那件事，你没忘吧！"

"知道啦！"陈美涵翻了个白眼，说道，"你都说了几百遍了。"

大扫除时，李杏儿和左帅负责打扫走廊。只见李杏儿一边扫地，一边对一旁的左帅不停地说："你扫一下那边……这边，这边……那里没扫干净……你能认真点吗？"

左帅顿时感觉有一千只蚊子在耳边"嗡嗡嗡"地叫个不停，他在心里呐喊道："下次千万不要将我和李杏儿这个唠叨鬼分在一组啊！"

李杏儿不断地重复说过的话，以至于同学们一听到她说话就感到恐慌。大家虽然表面上不说什么，可是心里却在祈祷：麻烦李杏儿不要再唠叨啦！

唠叨是可怕的恶魔!

就像李杏儿这样,我们常常讨厌大人在耳边碎碎念,殊不知自己也在不知不觉中犯了唠叨的毛病。唠叨就是将一件事一遍又一遍地重复,有时候甚至是没完没了地批评和埋怨。没有人喜欢听这样的话,对大多数人来说,唠叨简直就是一种精神上的折磨嘛!

因此,我们所要说的话,无论多么重要,无论多么打动人心,最好只清清楚楚地说一遍,不要没完没了地重复哦!

话题是不是太无聊了？

"告诉你们一件事，昨天我和妈妈一起去菜市场买菜，买了我最喜欢吃的五花肉。卖五花肉的叔叔人特别好，我跟他说我特别喜欢吃五花肉，他就送了我一小块……"

李杏儿在说这些的时候，朋友们都开始打起了哈欠。最耐不住性子的陈美涵打断了她的话，一脸茫然地问道："你是在说五花肉的故事吗？"

"不是，不是，"李杏儿连忙摆摆手，继续说道，"买完五花肉，我和妈妈回到家里，我提议我来做饭。这可是我第一次下厨呀……"

如果是说自己做饭的事，应该没那么无聊了吧！一旁的许欣然这样想着，赶紧把耳朵竖了起来。

可是，李杏儿接下来说道："可是我不会做五花肉呀，于是我上网查了一下。原来，五花肉是这样做的，首先……"

听到这里，朋友们失望极了，再也听不下去了，因为大家对怎样做五花肉可没兴趣。于是，有的上厕所去了，有的随便找了个借口离开了。

大家为什么不愿意听李杏儿讲下去呢？这是因为她的话实在太无聊了，没人愿意浪费时间听一些无聊的话。

那些无聊的话题

——平淡无奇，没有一点波澜起伏的内容。

——太啰唆，完全没有重点的内容。

——只听开头就能猜到结局的内容。

——听起来很枯燥，没有一点趣味的内容。

——很深奥，让人听不懂的内容。

如果你想拥有属于自己的听众，千万不要将无聊的话挂嘴边。说无聊的话比沉默不语更让别人感到沉闷和难受呢！

完美女孩 的 口才妙方 Good Eloquence

被人当成了笑面虎？

当着范佳琪的面，陈美涵总是微笑着说：

"佳琪，你成绩那么好，以后多帮帮我哦！"

"佳琪，别整天一个人待着，我们大家都是你的朋友呀，和我们一起玩吧！"

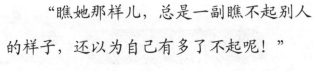

像笑面虎一样，表面上笑呵呵，背地里却像老虎一样可怕。

可是，只要范佳琪一走开，陈美涵的脸立马就会沉下来，撇着嘴巴小声对大家说：

"瞧她那样儿，总是一副瞧不起别人的样子，还以为自己有多了不起呢！"

经常看到这一幕的李杏儿常常在想：陈美涵不会对谁都这样吧！说不定，她也在背后说了我很多坏话呢！

有一天上课，慕容老师讲到"笑面虎"这个词，说"笑面虎"就是形容表面和善内心却像老虎一样凶猛的人。此时，李杏儿的脑海里瞬间浮现出陈美涵的笑容……

当然，陈美涵并没有李杏儿想象中那么可怕，只是说话有点儿心口不一罢了。

虽然这只是一个不好的说话习惯，有时候连自己都很难觉察到，可是一旦被别人发现，往往被当作虚伪的表现。如果常常这样说话，身边的人都会避而远之啦！

别说虚伪的话

· 说话不要暗带嘲讽。

· 说话尽量不要拐弯抹角。

· 不要当面说一套，背地里又说另一套。

· 不要说与内心不相符的话。

别说得那么绝

　　因为一点小事，李杏儿和陈美涵吵了起来，李杏儿一气之下说出了这样一句话："陈美涵，我特别讨厌你，我要和你绝交。"

　　听到这样的话，陈美涵先是大吃一惊，微微张了张嘴却一个字也没说，然后红着眼睛跑出了教室。

　　看着陈美涵绝望的背影，李杏儿顿时后悔极了。

　　"我怎么能说出那样的话呢？"

朋友啊，回来吧！我心里并不是真的想绝交……

如果你再说这样的话，我永远都不会理你了。

可是不管怎么后悔，说出去的话就如同泼出去的水，再也收不回了。

人在冲动时往往失去理智，图一时痛快说出一些难听的话。说出这些话虽然能够顺了当时的一口气，却有可能造成无法弥补的损失，比如伤害一颗脆弱的心灵，比如失去一个曾经要好的朋友。

因此，即使再生气，再愤怒，也不要轻易说出决绝的话。给彼此留一点余地，才能将大事化小，小事化了，让矛盾慢慢化解。

决绝的话不要说：

☆不要因为一时生气，说一些伤害友谊的话。

☆不要为了显示自己的口才，讲一些咄咄逼人的话。

☆不要为了争强好胜，说一些不给对方留余地的话。

☆不要在愤怒时口无遮拦，说一些侮辱、诋毁对方的话。

长了刀子的嘴巴

做练习题时，李杏儿不小心看到林小丁做错了一道题，她赶紧说道："这也能错，你真行！"

蒋一一买了一条黑白条纹的新裙子，问李杏儿好不好看，李杏儿想了想，评论道："还行吧，就是穿着有点像斑马。"

郑晓龙告诉大家，他的梦想是成为一名飞行员，李杏儿一听，笑嘻嘻地说："你要是能成为飞行员，猪都能上树了。"

终于有一天，身边的朋友们实在受不了了，就对李杏儿说："你能说话别这么刻薄吗？"

一直以为说话直接是一种优点，没想到却被人说成是刻薄，李杏儿瞬间感到特别受伤。没错，说话直接有时候会给人直爽的感觉，但如果你只是为了讥笑和贬低别人，这样的直接在他人看来就成了尖酸刻薄。

我们在说话时应该注意分寸，不要让别人感觉你的嘴巴上长了一把刀子，为了自己舒服，而说一些伤人的话。

其实，说话有点刻薄的人心眼并不坏，只是一时嘴快，不小心说了伤害别人的话。如何才能管住自己的嘴，避免这样的情况发生呢？

★学会察言观色

当你发现对方脸上的笑容消失了，脸色变得有点难看，这时警报声就已经响起啦！这时，我们应该赶紧反省自己有没有说错话，是否需要改变说话的方式？

★经常反省自己

经常问问自己，最近有没有说什么不该说的话，提醒自己下一次不要犯同样的错误。

别说脏话啦！

蒋一一正在认真写作业，一旁的李杏儿突然发出声音："我×，这是什么破题呀！"把她吓了一大跳。

这时，周一航一阵风似的冲进教室，从李杏儿的课桌旁一闪而过，撞掉了她的笔记本。李杏儿"嗖"的一下从椅子上跳起来，歇斯底里地喊道："周一航，你这个×××！"

李杏儿的狮子吼响彻整个教室，又吓得蒋一一五秒钟内没敢出一口气呢！

"李杏儿简直就是我们班的母夜叉呢！"这是同学们对李杏儿的评价。在大家看来，有些时候李杏儿简直比男生还要粗鲁呢！

千万不要以为说粗鲁的话是很帅气的表现，也许说脏话能够使你树立短暂的威信，却也让你成为别人眼中的"野蛮人"。

我们生活在文明的时代里，应该做文明人，说文明的语言。别以为偶尔说一两句脏话并无大碍，任何事物都能积少成多，说脏话一旦变成习惯，成了口头禅，你就有可能变成满口脏话的人。到那时，谁还愿意和你说话呢？

和 脏 话 说 再见

● 改变环境

　　如果你身边的人都喜欢说脏话，那么你自然有样学样，也变成喜欢说脏话的人。使自己远离说脏话的环境，多与一些文明礼貌的同学交谈，就能渐渐改掉说脏话的坏习惯啦！

● 自我提醒

　　每次说了脏话，就提醒自己不再说同样的话。逐个击破，就一定能赶走所有的脏话。

● 帮助他人

　　如果身边有同学、朋友喜欢说脏话，时常友善地提醒她（他），帮助她（他）改掉这个坏习惯。

注：×代表的脏字实在难以入耳，这里不做呈现啦！

完美女孩 的 口才 妙方 Good Eloquence

讨好的话要少说

你说对了，这就是一张照片。

哇，你的画画得好逼真呀，简直跟照片一样呢！

当慕容老师拿着课本走进教室时，坐在第一排的陈美涵突然用夸张的语气大声说道："慕容老师，你今天好漂亮啊！"

可是，在李杏儿看来，慕容老师每天都一个样，今天并没有什么

特别呀！于是，她得出了这样的结论：陈美涵在讨好慕容老师。

不过，大公无私的慕容老师似乎不吃这一套，她将课本往讲台一放，一脸淡然地说："谢谢美涵同学的夸奖，不过昨天让你抄写的一百个成语还是得一个不落地交上来。"

除了陈美涵一个人垂头丧气外，其他人全都乐开了怀。

记住，并不是所有人都喜欢听讨好的话。讨好的话虽然有拉拢人心的作用，却也有一定的风险，常常会让被讨好的人怀疑你的诚意，也让你成为被旁观者厌恶的人。

1.真正的友谊没必要讨好。

如果是为了友情，没必要说讨好的话。真正的友谊不是通过华丽的赞赏得来的，而是用真诚的心换来的。

2.老师不接受讨好。

为了获得老师的喜爱，或者想要拥有某些特权，就用花言巧语讨好老师，这样的做法很不明智。因为聪明的老师很容易就能看穿这种"诡计"。

别再自以为是啦！

当李杏儿说话时，王雪珂突然冒出这样一句话："你别自以为是了。"

"我究竟说了什么话，让别人认为我在自以为是呢？"李杏儿的心里充满了疑问。

李杏儿认真地回忆起来：

自习课时，我和王雪珂对一个问题产生了不同的看法，我对她说："我的想法绝对没错，你别固执了！"

中午，王雪珂不在教室，我擅作主张将她的计算器借给了王睿，她知道这件事后很生气，我就对她说："反正你也没用，借给他用一下怎么了？"

……

常常说一些自以为是的话，很容易成为大家讨厌的对象。不要把自己的想法强加于人，也不要总认为自己有多了不起，将自己的位置放低一点儿，用一颗谦虚的心去对待身边的每一个人吧！

 ## 你自以为是了吗？

总认为自己什么都是对的，不愿意接受别人的意见或建议。

总认为别人的想法与自己是一样的，所以常常替别人做决定。

只要自己认为某件事错了，就会毫不犹豫地提出意见，或不留情面地指责别人。

总觉得自己很了不起，受到一点夸奖就飘起来。

少发点牢骚

你是一个爱发牢骚的人吗？让我们来测试一下吧！如果你的回答为"是"，请在后面画"○"，如果你的回答为"不是"，请在后面画"×"。

1. 夏天常常抱怨天气太热，冬天常常抱怨天气很冷。

2. 每天起床时会忍不住嘟哝一句"好痛苦啊，又要早起"。

3. 稍微有一点儿不顺心，就会冒出"真倒霉"这句口头禅。

4. 做错了事被大人批评，不但不认错，还会露出一副气呼呼的表情。

5. 经常一边做作业，一边抱怨作业太多。

6. 只要听到"大扫除"三个字，就会唧唧歪歪叫个不停。

7. 一旦被别人打扰，就会说"好烦啦""你烦不烦"这样的话。

8. 被别人叫去做自己不想做的事，会自言自语抱怨一大堆。

9. 受了委屈会不停地"喊冤"，直到没人理会为止。

10. 被椅子绊倒，被小刀割伤，椅子和小刀就会成为被你臭骂的对象。

——7条以上为"●"

可以这样说，你简直是一个超级牢骚王，你差不多随时随地都在发牢骚呢！赶快克制一下吧，不然身边的朋友都会被吓跑的。

——3~7条为"○"

在心情低落时，你会忍不住发牢骚。即使不开心，也不要发牢骚哦！因为发牢骚会让你的心情变得越来越糟，甚至将这种坏情绪传染给其他人。

——3条以下为"○"

你几乎不怎么发牢骚。不过还是要注意啦，坏习惯都是一点一点累积成的，千万不要让发牢骚在潜移默化中成为你的习惯哦！

告别牢骚

爱发牢骚不仅让生活变得很无趣，还有可能让身边的朋友敬而远之。当自己想要发牢骚时，请用一个大大的微笑来代替吧！

讨厌的大嘴巴

　　有一天，李杏儿上完洗手间，在回教室的路上见到了这样一幕。

哈哈，你们真是天生一对啊！

　　林小丁和左帅站在操场上的一棵树下，两人靠得很近，正低着头窃窃私语说着什么。

　　"哇！这也太劲爆了吧！"

　　李杏儿一阵风似的冲进了教室里，对着全班同学大喊道："快看操场那儿，林小丁和左帅在谈恋爱呢！"

　　同学们听了，纷纷拥出教室，朝操场那边跑去……

　　虽然林小丁和左帅事后解释道，他们只不过是在商量换座位的事，不过经过李杏儿一番添油加醋，他们最终成了班上的头号绯闻对象。

李杏儿简直成了班里的八卦娱乐记者，班里稍微有点儿风吹草动，就能被她的大嘴巴传得沸沸扬扬的。

虽说，常常八卦班里的奇事趣事，能给枯燥的学习生活带来一丝乐趣。可是，如果被

八卦的事情不是事实，会给当事人造成很大的伤害。我们不能为了自己开心，为了逗众人一乐，就去伤害那些无辜的人呀！

爱八卦的你小心被八卦哦！

　　总爱八卦别人，说别人的是非，说不定会给自己种下祸根哦！哪天被别人抓住了把柄，就会成为别人的八卦对象哦！同学之间应该团结友爱、和睦共处，而不是互相伤害，所以就让八卦和流言在你这里终止吧！

别说大话了

午休时间，大家围在一起聊天。蒋一一拿出自己的手机，让大家看她拍摄的照片。

照片一张张翻动着。突然，李杏儿指着手机上的一张照片大叫道："一一，这是你们家的书架吗？好多书哦！"

"对呀！我爸爸特别爱看书，所以买了很多书。"蒋一一一脸自豪地解释道。

"这有什么！"一旁的陈美涵一脸不服气地说，"我家有个书房，里面的书多得跟图书馆似的。"

"得了吧，图书馆有几十万册书，你们家那几平方米的书房能装得下吗？"

身为数学达人的王睿此话一出，所有人都笑得前俯后仰。

瞧，都是吹牛惹的祸，不过吹了一个小小的牛，便沦为大家哄笑的对象，可以想象，当时的陈美涵多尴尬呀！

吹牛实际上是一种不自信的表现，正因为害怕自己不如别人，又想与之较量，所以才说一些不着边际的大话，企图给自己长志气。可实际上，吹牛的话不可能为自己赢得自信和自尊，只要是牛皮就总有破的一天，到那时，自己在别人眼中只会更加渺小。

吹牛小笑话

甲说："我家里有一大鼓，每次敲鼓的时候，方圆几百公里内都能听到鼓声呢！"

乙说："我家有头牛，站在江南岸喝水，头能一直伸到江北呢！"

甲连连摇头说："胡说，哪里会有这么大的牛？"

乙说："不知道吧，呵呵，没有这头牛，怎么有你这面鼓！"

（哈哈，原来这鼓面是用牛皮做的呀！）

爱撒谎就不可爱啦！

　　撒一个完美的谎，实在是一件耗费脑细胞的事儿。当我们撒了一个谎，为了增加谎言的可信性，就必须用另一个谎去掩饰。想要谎言不被拆穿，就得一个谎叠着一个谎，没完没了地说下去。如此一来，我们要么绕进自己的谎言里筋疲力尽，要么百密一疏，谎言终究被无情地揭穿。

因此，即使再小的谎也尽量不要说，等到哪天满口谎言，失去所有人的信赖，那时就太迟啦！

克制自己不要说谎。

☆始终记住：坦白比说谎更容易被人原谅。

☆每当想说谎时，先预测一下说谎的后果，再决定要不要这么做。

☆向别人坦白曾经说过的谎，并真诚地请求原谅。

☆如果撞见身边的朋友说谎，或邀请你合作欺骗某人，请劝诚他不要这么做。

名言小窗口：

说谎话的人所得到的，就是即使说了真话也没有人相信。

—— 伊索

说"我不知道"也比说谎好。

—— 马根

你需要十分小心地对待说谎，否则，几乎可以肯定你会被人抓住。一旦被人抓住，在善良真诚的人看来，你就永远不再是从前的你了。

——马克·吐温

别让玩笑过了头

陈美涵将一顶麦兜样式的帽子戴在头上，用麦兜的语气对李杏儿说："姐姐，你看我的样子可爱吗？"

李杏儿捧着嘴巴哈哈大笑："真可爱，一头可爱的猪！"

"戴上这帽子有那么像猪吗？"陈美涵有点儿不高兴了。

"对呀！"谁知李杏儿仍然不识趣地说，"特别像猪，你不当猪真是可惜了！"

陈美涵一听，气得拽下头上的帽子，砸在地上，转身就走了。

到底是陈美涵太爱生气，还是李杏儿的玩笑过了头呢？如果我们将自己当成陈美涵，当我们遭遇这

你的玩笑就像汽车开进了池塘里，过头啦！

我不过就是开一个小玩笑嘛！她怎么就生气了？

样的玩笑时，会不会很生气呢？

朋友之间偶尔开点小玩笑，可以调节现场气氛，让大家都开心起来。但是，如果玩笑过了头，伤害到对方敏感的痛处，就会让对方觉得玩笑很过分，觉得自己不受尊重。

这样的玩笑不要开

● 贬低对方的玩笑

如"你真是像猪一样笨""你丑得连镜子都害怕"这样侮辱人的玩笑，不但不好笑，反而会让对方很受伤。

● 揭别人伤疤的玩笑

经历过的失败、遭遇过的难堪的事、不愿提及的伤心事……当你拿这些事开玩笑时，就如同揭开了对方的伤疤。

● 关于家人的玩笑

家人是我们最亲近的人，也是最神圣不可侵犯的，如果拿别人的家人开玩笑，对方会因此讨厌你。

163

好朋友就可以口无遮拦吗?

李杏儿正在写作业时,陈美涵突然靠过来,正经八百地对她说:"李杏儿,你的作业好潦草呀!"

"啊!"李杏儿一脸尴尬地看着陈美涵,不知道说什么好。

陈美涵接着说:"你应该多练练字,字写得这么难看怎么行呢?是好朋友我才这么跟你说,别人我才懒得管呢!"

听了陈美涵的话,李杏儿的脸顿时红得像秋天的苹果,真想赶快找个地洞钻下去呢!

作为好朋友,真的可以肆无忌惮地提出意见,口无遮拦地说任何话吗？当然不是这样啦！

即使是亲密得如同家人的朋友，也不可以毫无顾忌地说话！因为没有人喜欢听不好听的话，当我们将那些难听的话脱口而出时，作为好朋友的对方也许当面不会说什么，但她的内心肯定不高兴，这就给两人的友谊埋下了隐患哦！

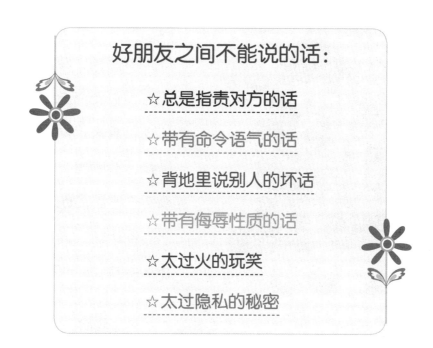

好朋友之间不能说的话：

☆总是指责对方的话

☆带有命令语气的话

☆背地里说别人的坏话

☆带有侮辱性质的话

☆太过火的玩笑

☆太过隐私的秘密

友情是一种特别尊贵的感情，所以我们应该好好珍惜，不要让一两句无心的话破坏了友谊。

完美女孩 的 口才 妙方

Good Eloquence

哪里，哪里！

> 李杏儿，你这次数学考试考得不错哦！

> 哪里呀，一点也不好，一点也不好！

大人们聊天时，李杏儿常常会在他们口中听到"哪里，哪里"这样的话。小时候，她还以为那是大人们之间互相询问地址呢！后来，从爸爸那儿得知，"哪里，哪里"原来是一种自谦的话呀！

俗话说，活学活用。自从知道了"哪里"的用途，这两个词可就成了李杏儿的口头禅。

面对别人的夸奖，李杏儿总是用"哪里"来应对，她认为，这种谦虚的表现能够赢得别人的好感与认同。

> 李杏儿，如果你来做文娱委员，一定会做得很出色。

> 哪里，哪里！我肯定比不上范佳琪啦！

可是，别人真的认为李杏儿很谦虚吗？一味的谦虚会让自己在他人的内心形成怎样的印象呢？

印象一：没自信。

印象二：能力不足。

印象三：虚伪。

印象四：另一种自负。

丢掉"哪里"！

注意了，不管是对李杏儿，还是对我们来说，需要丢掉的不仅仅是"哪里"这两个字，而是过度谦虚的小习惯！

从现在开始，我们就得把握好谦虚的程度，努力化解他人对我们产生的小误会！

——不再不符合事实地贬低自己。

——不再过分地隐藏自己的实力。

——微笑着感谢他人的赞美。

——用实际行动证明自己能够担当他人的赏识。

167